相談援助職の
ための

文章・事例・抄録の
書き方と
プレゼンテーション

監修
一般社団法人
日本ケアマネジメント学会
認定ケアマネジャーの会

編著
福富昌城・白木裕子

事例研究入門

中央法規

刊行にあたって

　私が初めて学会発表したときのことを思い出したが、発表するのは敷居が高く、抄録をつくるのにも苦労をし、質問を受けた内容に対して十分に答えられなかったことを今でも鮮明に覚えている。

　その意味で、今回、福富昌城さんと白木裕子さんの編集で学会等での研究発表の方法について書かれた本書『相談援助職のための事例研究入門——文章・事例・抄録の書き方とプレゼンテーション』は、多くの方々に、とりわけ相談援助職の皆さんにとって学会発表の敷居を低くしてくれることに貢献するものと期待している。具体的には、抄録の作成方法から研究発表の方法までが詳しく書かれており、学会発表の道しるべとなっている。また、日本ケアマネジメント学会認定ケアマネジャーの会が主催する学会発表支援塾でのお二人の指導が、刊行のきっかけになったことも頷ける懇切丁寧な内容になっている。

　学会発表は研究者の発表もあれば実践家の発表もある。学会の性質によって、実践家の発表が多い学会もあれば、研究者の発表が多い学会もある。ただ、研究者は実践からかけ離れた「空理空論」ではなく、実践マインドをもった発表であることが求められる。一方、実践家の発表は、自らの日々の実践を客観化や一般化するのが目的であり、ある意味ではリサーチマインドをもって発表することになる。

　私は研究者という立場から発表するが、実践現場や実践家にどのように役に立つかを自問しながら、抄録を書いたり、発表原稿を準備している。そして、学会発表では、実践家の発表を聴きに行くことが多い。それは、興味があるだけでなく、その発表のなかには、私が研究を進めていくうえでのヒントとなることが満載だからである。

　こうした研究者の発表と実践家の発表があることで、実践と理論が

融合し、学会に多くの学問的蓄積ができ、学会が発展していくことになる。本書は、そうしたことの基礎になる、実践現場からどのように学会発表するかのガイドラインであり、ひいては皆さんが所属するそれぞれの学会の発展にも貢献することになる。

　ただ、実践現場の皆さんの学会発表については、ひとつ乗り越えなければならないハードルがある。それは、実践現場から発表する場合には、利用者と主体的に関わっている場合が多く、倫理的な対応がより重要になることである。発表の対象となった人等について匿名化するだけでなく、対象者等が不利益を被らないような配慮と同時に、事実や客観的なデータに基づいた内容であることが求められる。また、対象者はもとより所属機関からも発表することの同意が必要である。

　さらに、研究者の場合は、所属する大学等の研究倫理委員会に研究内容の申請をし、承諾を得ることになるが、実践現場の皆さんの発表の場合には、職場にはそうした研究倫理を扱ってくれる部門がほとんどない。病院等では倫理委員会を設置している場合もあるが、これも稀である。現在は過渡期であり、今後、実践現場の皆さんの研究や発表の倫理的なチェックをしてくれる機関が増えていくと考えられる。現状では、発表者自らが、それぞれの学会の研究倫理規定（日本ケアマネジメント学会は「研究ガイドライン」）に準じているかをチェックしていただきたい。発表までの各プロセスで倫理的なチェックを行い、自らの倫理的な対応を確認することが必要不可欠である。本書で倫理的対応について詳しく扱っているのはこうした理由からである。

　現状では、実践現場の皆さんが学会発表に至るまでには、多くの課題があるといえる。そうした課題に本書が応えてくれることを確信している。

2020年11月　　　　　　　国際医療福祉大学大学院教授　白澤政和
　　　　　　　　　　　　（一般社団法人日本ケアマネジメント学会理事長）

はじめに

　近年、福祉・介護サービスの利用者が抱える問題の複雑化・多様化に対して、地域包括ケアシステムの構築・深化、地域共生社会の実現のための包括的支援体制の構築等の対応策が進められてきています。利用者の生活問題のあり方に対応できる社会制度を構築していくことは非常に重要なことです。そして、それらを機能させていくためには、利用者と対面し、援助関係を結び、適切な支援を展開する相談援助職に高い力量が求められます。

　そのためには、養成教育や現任訓練のあり方と同様に、相談援助職が自らの実践を省察することを通じて、その実践知を整理し、相談援助職の間で共有していくことが不可欠になります。この実践力向上の重要な方法の１つが実践研究であり、自らの担当した利用者への支援のあり方を省察する事例研究なのです。

　私は2006年にはじめて、ある県の介護支援専門員協会から「研究発表の方法を学ぶ研修会をしたい」と依頼を受けたことをきっかけに、こうした趣旨の研修に協力してきました。また2010年からは一般社団法人日本ケアマネジメント学会認定ケアマネジャーの会が主催する学会発表支援塾において、本書の執筆者の一人である白木裕子先生とともに、実践家が自らの実践を素材に研究発表をすることを支援してきました。白木先生は介護支援専門員としての実務に携わる一方、日本全国で介護支援専門員の実践力向上のためにさまざまな講演や演習プログラムの講師を務めておられます。また、分担執筆者である増田先生と畑先生も、さまざまな相談援助職の実践力向上に尽力してこられています。

　本書では、実践研究を行う最も基礎的な力である文書・文章の書き

方、事例検討会で発表を行うための事例のまとめ方、事例研究の方法、研究発表のための抄録の作成方法、そして研究発表・プレゼンテーションの進め方について、できるだけわかりやすく説明することを意図しました。また、本書には事例研究やプレゼンテーションのためだけではなく、相談援助職としての日常の業務にも活用できる知見が盛り込まれていますし、専門職としての倫理や実践家が実践を研究する姿勢といった事柄にも言及しています。これらはすべて、読者が実践家としての力量を高めるために役立つものだと考えます。

　「研究は研究者の仕事」と思っておられる方もいらっしゃるかもしれませんが、一般社団法人日本ケアマネジメント学会の研究大会では多くの介護支援専門員や相談援助職が自らの実践を研究し発表しています。また、他の学会や職能団体の研究大会においても、研究に取り組む実践家は増えてきています。こうしたことは、その実践研究体験を通じて実践家が成長することにつながると同時に、その職域の専門職全体の力量の向上にもつながっていく重要な取り組みだと考えます。

　執筆者一同、読者の皆さんと一緒に実践の質を高め、相談援助職の力量向上を図っていきたいと考え、本書を執筆いたしました。ぜひ、本書を読み、実践研究に取り組んでみてください。皆さんの実践が言葉になり、それを聴く／読むことができることを期待しています。

2020年11月

　　　　　　　　　　　　執筆者を代表して　福富昌城

刊行にあたって

はじめに

第 **3** 部 ｜ 研究する

事例研究の取り組み方

相談援助職の文書・文章作成の基本

本書は、事例研究および研究発表ができるようになるための入門書ですが、そのためには、まず初めの一歩である、『文書・文章の作成』について学ぶ必要があります。皆さんが日々現場で取り組んでいる実践を言語化するにあたって、事例をスラスラとわかりやすく書ければよいのですが、なかなか難しいと感じる方もいるのではないでしょうか。そこで、第1部では、読み手がストレスなくスラスラと読めて、なおかつ信頼できる「良い文章」を書くためのポイントを整理しながら、「伝わる文書」をまとめられるようになることを目指していきます。

　なお、文書と文章の違いについては、図1－1のように整理しておきます。「文書」とは一般的に「文章によって書き記されたものの総称」を指します。その文書は「文」で構成された「文章」から成り立っています。

図1-1 　文・文章・文書の関係性

文　：まとまった一続きの言葉。終わりは句点「。」
文章：文を連ねて、まとまった意味を表現したもの
文書：文章によって書き記されたものの総称

1 相談援助職が作成する文書の意義と役割

　表1－1は、相談援助職が関わる可能性がある文書の概略を示したものです。もちろん、この分類がすべてというわけではなく、事例検討シート（→第2部）や学会発表に向けた抄録（→第4部）、各種依頼書やお礼状、企画書や稟議書などさまざまな文書の種類があります。つまり、相談援助職にはそれだけ多くの文書作成が求められており、同時にそのための「文章力」も求められているということです。

表1－1　相談援助職と関係のある文書とその概要

文書の種類	文書の意義・役割	読み手
契約書	合意事項を当事者間で確認するための文書。契約者が本人や家族であることを踏まえ「誰が読んでもわかる文書」でなければならない。	利用者・家族
アセスメントシート	利用者の情報収集ならびに課題分析に用いるための文書。	職場内関係者 他専門職
支援計画	支援目的や頻度、具体的に働きかける内容を関係者と共有するための文書。支援の振り返りや評価にも用いられる。	利用者・家族 他専門職 行政職
支援記録	支援内容を時系列に記録し、支援内容の説明や情報の共有、振り返りに用いることを目的とした文書。	利用者・家族 職場内関係者
報告書	上司や関係者に対して必要な情報を伝えるための文書。	職場内関係者
説明文書	説明を受ける側に対して選択や判断に必要な情報提供を行うための文書。説明された内容の再確認や、理解を深めるためにも用いられる。	利用者・家族
引継書	後任者へ円滑に業務引継ぎを行うための文書。	職場内関係者
議事録	会議内容や打ち合わせ事項を後で確認するための文書。	職場内関係者

わかる！ 伝わる！ 文章の書き方のポイント

それではまず、以下の地域包括支援センターの職員が実施した訪問面接の記録（支援記録）を読んでみてください。

例 1-1 読みづらい事例の記録

〈A氏との初回面接の記録（4月4日（土））〉

　　A氏は50歳女性。80歳の父、74歳の母あり。3人暮らし。A氏は仕事をしている。ボロボロのアパートの2階で暮らしている。父も母も受診歴なし。介護サービス利用なし。

　　地域包括支援センターに疲れたA氏からこれ以上父と母の世話をすることは無理です。どうしたらよいでしょうかと電話があった。これまでは認知症がある父を献身的に母が介護していたが、苦労を重ねてきた母にも残念ながら認知症の症状がみられるようになってしまい、父と母には年金がなくA氏の仕事による収入で生計を立てているためA氏は仕事を辞めるわけにはいかないが、日中もA氏の電話が止まない状況。翌日A氏宅を訪ねた。

　　初回面接における相談内容、居間で身だしなみを整えた、A氏と面接。A氏は疲れ切っていた。A氏は家事を頑張っている。A氏は働かなければならないが、これまで父の介護を担っていた母の様子に異変があり仕事を終えて家に帰っても家事がまったくされておらず、日中も母からの電話が度々かかってくるため仕事を早退するなど対応に追われたので支援を希望。面接時には母も同席。暗い表情で自ら発言することはない。こちらの問いかけに対してはあいづちを打つ様子がみられる。発言を求めるがボ

ソボソと話し、内容は理解できない状態。父は和室で寝ており話すことはできなかった。昼夜逆転がみられる。日中は寝ているかボーっとしている。Ａ氏に介護保険の説明をすると、Ａ氏は安心して利用を希望した。土日は仕事がなく月曜日も休みということだったため、月曜日に訪問して今後の支援体制について相談することになった。虐待等の様子はみられないが、早急な対応が必要である。父・母の状態を詳しく確認する。Ａ氏の支援体制を検討し、サービスを受けさせる。

　いかがでしょうか？　このように文書は書き方1つで読みづらく、わかりにくいものにもなってしまいます。読みやすく、また読み手にとって伝わる文書を作成するためには、いくつかのポイントがあります。ここでは「相談援助職の作成する文章・文書」という視点から、10のポイントにまとめて解説していきます。

表1-2　文書の書き方　10のポイント

わかる！　伝わる！　文書の書き方10のポイント
ポイント①　文書の目的の確認
ポイント②　誰が読むのか（読み手）の確認
ポイント③　６Ｗ１Ｈを踏まえた客観的事実の記述
ポイント④　根拠を明示した記述
ポイント⑤　簡潔な文で読みやすい記述（一文は短く・修飾語は使いすぎない）
ポイント⑥　接続詞の効果的な活用
ポイント⑦　句読点の効果的な活用
ポイント⑧　段落の効果的な活用
ポイント⑨　小見出しの活用
ポイント⑩　箇条書きの活用

1 文書の目的の確認

　相談援助職に求められる文書を目的別に整理すると、**表1-3**のように整理できます。

<table>
<tr><td colspan="2">表1-3 相談援助職の関わる文書の目的</td></tr>
<tr><td>目的①</td><td>**実践の振り返りや評価を行う際の根拠とする**</td></tr>
<tr><td></td><td>アセスメントシート、支援計画、支援記録など</td></tr>
<tr><td>目的②</td><td>**本人・家族を含む関係者との支援内容、目標、情報の共有**</td></tr>
<tr><td></td><td>契約書、アセスメントシート、支援計画、支援記録、報告書など</td></tr>
<tr><td>目的③</td><td>**専門職としての社会的責任（説明や報告）を果たす**</td></tr>
<tr><td></td><td>契約書、支援記録、報告書、説明文書など</td></tr>
<tr><td>目的④</td><td>**情報の保管、引継ぎ**</td></tr>
<tr><td></td><td>支援記録、報告書、引継書、議事録など</td></tr>
</table>

　また、各文書の目的に応じて文章に盛り込むべき情報の内容も異なってきます（**表1-4**）。

　文書にはそれぞれ目的があり、相談援助職はその文書のもつ目的を見極め、求められる情報を整理して文章化していく力が求められます。では、先述した例文（**例1-1**）ではどうでしょうか。残念ながら、例文では訪問に行った際の出来事と、その際に職員が感じたことがただ列挙されており、本来の目的に応じた情報の整理ができているとは言い難い内容となっています。「支援記録」の目的に沿うのであれば、電話面接から訪問面接に至るまでの経過に加え、A氏の発言内容や雰囲気、家族の様子、支援者としての関わりについての情報が充実していなければなりません。このように、「伝わる文書」を書くためには、まず文書のもつ目的を把握し、目的達成のために求められ

表 1-4 文書ごとの目的と必要な情報例

文書の種類	目的	必要な情報例
契約書	目的②	契約条項や契約期間、リスク、権利と義務、責任の所在、契約者名など
アセスメントシート	目的① 目的②	対象者の基本情報（性別、年齢、障害・持病の有無、住居形態等）、主訴、生活上の課題、ソーシャルサポートなど
支援計画	目的① 目的②	支援目的や目標、具体的に働きかける支援内容とその頻度など
支援記録	目的① 目的② 目的③ 目的④	利用者の状況、支援者の行動（支援内容）、利用者の変化（反応、支援の効果）などについて６Ｗ１Ｈを意識した時系列情報でまとめる。
報告書	目的② 目的③ 目的④	報告する内容に沿って、日時、目的、場所、内容などを事実に即して記す。特に経緯や、原因と結果についてわかりやすく示す。
説明文書	目的③	支援内容とその仕様、設備や料金、効果など
引継書	目的④	業務上の手続きや注意点、連絡先、情報の保管場所など
議事録	目的④	会議開催日時、場所、出席者、議事内容、報告内容、審議内容や発言内容など

る情報をわかりやすく文章で整理して示していく必要があるのです。

Point

文章の書き方ポイント①（文書の目的に沿った文章を）

> 文書を書く前に、書こうとする文書の目的を押さえる。
> 目的を達成するために必要な情報を、整理して文章化する。

2　誰が読むのか（読み手）の確認

①読み手は誰か

　表1−1で示したとおり、文書には「読み手」が想定されています。そのため、文書を書く際にはこの読み手を意識する必要があります。

　例えば、読み手が『本人や家族』の場合、専門用語ばかりの文書ではせっかく目を通してもらっても伝えたいことが相手に伝わらない可能性が高くなります。一方「報告書」等では忙しい『管理職や上司』が読み手となる場合が多いため、報告趣旨についてキーワード等を用いて簡潔に示し、「短時間で内容を把握してもらう」ことを意識する必要も出てきます。また、読み手が『高齢者』であれば、文字が小さすぎる文書ではそもそも読むことが難しい場合もあるでしょう。

　このように読み手が誰で、どのような状態にあるのかを踏まえたうえで文書を書く意識が必要です。文書は文字を介したコミュニケーションツールです。会話をするときに私たちが相手に合わせて言葉遣いや声色、表情を調整することと同様に、文書を書く際にも読み手の特性を意識するようにしましょう。

②敬体と常体の書き分け

　文章を書く際、「〜です、〜ます」「〜だ、〜た、〜である」の文体（文末表現）について悩んだこともあるかもしれません。「〜です、〜ます」を「敬体」と呼び、「〜だ、〜た、〜である」を「常体」と呼びますが、実はどの文書に、どちらを使えばよいかについて明確なルールはありません（文書の読み手が求める場合は別です）。本来はどちらでもよいことを踏まえつつ、読み手を意識して「敬体」と「常体」を使い分ければ問題ないでしょう。**表1−5**は敬体と常体の特徴を示したものです。

敬体	丁寧な印象や柔らかい印象を相手に伝える。 →説明や書き手の気持ちを伝える際に有効
常体	断定的で説得力のある印象を相手に伝える。 →決定事項や専門職としての判断を伝える際に有効

　皆さんが一般的になじみ深いのは敬体ではないでしょうか。小学生が「作文課題」として取り組む文章作成は、敬体が用いられることが多く、これは、小学生への文章指導では「日常生活で丁寧な言葉遣いで話せるようになること」を狙いとして、敬体の文章に慣れることを意図しているからです。

　しかし、その親しみやすさや、丁寧さゆえに、専門職としての判断や端的に情報を伝える際の方法としては不向きな傾向があります。一方で常体は決定事項や判断などを簡潔に伝えやすい文体なので、実際の現場では支援記録や報告書は常体で、説明文書や引継書は敬体で書かれる傾向があります。

　なお、敬体と常体の使用に関して唯一ルールがあるとすれば、それは「両者を混ぜて使用しない」ということです。対照的な印象を与える敬体と常体を混在させると、読み手はテンポよく文章を読み進めることができなくなりますので注意しましょう。例外的に、会話内容を「　」で示すときや、箇条書きで表現するときは文章内に敬体と常体が共存することもありますが、基本的には文書の目的や読み手を意識して敬体か常体のどちらかに文体を統一して、文末表現をしていきましょう。どちらを使用するか迷う際は、同様の目的で書かれた他の文書を参考にしてみるのもよいでしょう。

地域包括支援センターに疲れた A 氏からこれ以上父と母の世話をすることは無理です。どうしたらよいでしょうかと電話があった。

例1－1の支援記録では、「〜無理です」という敬体と「〜電話があった」という常体が混在した文末表現となっています。例文全体は常体で書かれていることから、この部分の敬体には違和感があり、基本的にはこのような文体の不一致は避けなければなりません。**例1－2**の場合、「これ以上父と母の世話をすることは無理です。どうしたらよいでしょうか」という部分は電話での会話内容であることから、この部分を「　」で括ることにより文体の不一致は解消されます。

文章の書き方ポイント②（読み手を意識した文章を）　Point

› 文書を読む相手のことを意識して、言葉遣いや文体を選択。
› 敬体と常体を混在させて文章を書かない。

column　伝えるうえで誤字や脱字は厳禁

「誤字・脱字を無くす」ということは、書き手が最低限守るべき「マナー」です。どれだけ優れた内容であったとしても、誤字・脱字が多い文書はそれだけで読み手に「不誠実」と映ります。誤字・脱字は書き手の努力次第でなくせることなので、必ず文書は読み直す習慣をつけていきましょう。「誤字・脱字の分だけ文書から信用が失われる」と心得ましょう。

3　６Ｗ１Ｈを踏まえた客観的事実の記述

　６Ｗ１Ｈとは、Who（誰が）、Whom（誰に・誰を）、What（何を）、When（いつ）、Where（どこで）、Why（なぜ）、How（どのように）を示しており、物事を明確に伝えるための要素として定着しています。これらの要素が示されていないと、正確な状況や情報が伝えられないだけでなく、無用な誤解や勘違いを引き起こし、しばしばトラブルの元となります。

　今回の例文は支援記録であり、その目的は多岐にわたりますが、なかでも支援に至った経緯を他者に伝えるという大きな目的をもっています。経緯を伝えるためには、この６Ｗ１Ｈの要素が大変重要になりますので、例文を見ながら理解を深めましょう。

> **例 1-3　６Ｗ１Ｈが不足している文章**
>
> 　父は和室で寝ており話すことはできなかった。昼夜逆転がみられる。日中は寝ているかボーっとしている。Ａ氏に介護保険の説明をすると、Ａ氏は安心して利用を希望した。土日は仕事がなく月曜日も休みということだったため、月曜日に訪問して今後の支援体制について相談することになった。

　例１−１から抜粋した上記**例１−３**は、地域包括支援センター職員がＡ氏と家族の状況をアセスメントし、その後の支援展開についての経緯を報告している部分となります。

　まず、「昼夜逆転がみられる。日中は寝ているかボーっとしている」の部分についてはWho（誰が）という情報が抜けているため、該当するのが父なのか、母なのか、あるいはＡ氏なのかわかりません。このように客観的事実がきちんと伝わらないせいで、支援対象の読み

違えが生じ、場合によっては、必要な支援が提供されなかったり、不必要な支援が提供されかねません。

　また、「A氏に介護保険の説明をすると、A氏は安心して利用を希望した」という相談援助の部分については、肝心なWhy（なぜ）やHow（どのように）という情報が欠けているため、なぜ介護保険の説明を行うに至ったのか、どのように説明を行ったのかということがみえてきません。専門職として相談援助に関わる際、自らの行動や判断の背景にある根拠について、きちんと説明できることが求められます。これを『アカウンタビリティ（説明責任）』といいますが、Why（なぜ）やHow（どのように）はこのアカウンタビリティの視点からも必要な情報となります。

　さらに「土日は仕事がなく月曜日も休みということだったため、月曜日に訪問して今後の支援体制について相談することになった」の部分では、Who（誰が）、Whom（誰に・誰を）、Where（どこで）、Why（なぜ）という情報がごっそりと抜け落ちているため、客観的な事実として把握できる情報量が圧倒的に少ない文章となっています。

　6W1Hの各要素については、文脈から明らかであれば書く必要はありませんし、書く際の順番にルールがあるわけでもありません。しかし、「わかってもらえるだろう」という思い込みで必要な情報を落としてしまうと、その文書のもつ客観的情報量が限定され、結果として「意図が伝わらない文書」となってしまいます。ですから、文書作成時には6W1Hを意識して書くことに加え、読み返すことが大切になります。また、一度思い込んでしまうと自分ではなかなか気づかないこともたくさんありますので、利用者の個人情報保護が担保される範囲で、上司や同僚などに読んでもらい指摘を受けるなどして、フィードバックを得ることで自らの気づきを促すことも重要です。

文章の書き方ポイント③（６Ｗ１Ｈを踏まえた情報の記述）

› 誤解を招かないように、６Ｗ１Ｈを意識して客観的事実が正確に伝わるように文章を書く。

› 読み返しや第三者のチェックを受けて、６Ｗ１Ｈの不足している要素がないか確認し、文書の質を高める。

column わかってもらう努力「普段使いの言葉で書かない」

　文書を作成する際に、書き手は自分の語彙のなかから言葉を選んで使うことになります。しかし、私たちが使う言葉のなかには文書に適さない言葉もあることを覚えておきましょう。例えば、「〜みたいだ」や「やっぱり〜だ」といった話し言葉に加え、略語やいわゆる「ら抜き言葉（例：食べれる）」などが挙げられます。言葉を使い分けようとしても、思わぬところで普段使いしている言葉の習慣が出ることもあるので気をつけましょう。

4 根拠を明示した記述

　相談援助に関わる専門職はときに利用者やその家族の生活を大きく左右する場面に立ち会います。そのときに、「専門職としてなぜこの支援を行ったのか」「なぜそうした判断を行ったのか」という根拠を明示する必要があります。なぜなら、専門職としての行動や判断、気づき、根拠をきちんと示せなければ、利用者にしてみれば「勝手なことをされた」という気持ちになり、自己決定や利用者の主体性を尊重する相談援助において、大きな障害となってしまうからです。また、苦情が発生したときにも相手の納得を得ることはできないでしょう。

したがって、文書を作成する際にはこうした根拠の重要性を認識し、専門職の判断や支援が付随する記述には「なぜ○○したのか」というその根拠を必ず示すように心がけましょう。このことは、先述した６Ｗ１ＨのWhy（なぜ）の部分と密接に関わっています。

> **例 1-4 根拠が不足している文章**
>
> Ａ氏は疲れ切っていた。Ａ氏は家事を頑張っている。

例１−４では、Ａ氏が「疲れ切っている」「家事を頑張っている」という気づきのみが書かれています。利用者のさまざまな状況に対して気づきをもてることは相談援助職として大変重要な実践です。しかし、この書き方では、根拠がないために、せっかくの気づきが活かされない可能性があります。ここで根拠が示されていると、その根拠をもとに気づきの整合性や行動の適切性を判断・評価することができるのです。

図 1-2 文章で根拠を示すことの効果

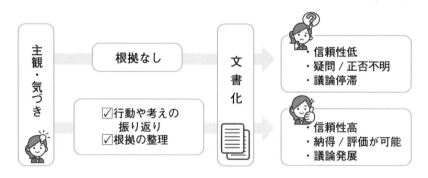

Point

文章の書き方ポイント④(根拠を明示した文章作成を目指す)

> 専門職の判断や支援が付随する記述には、その根拠を必ず示す
> (6W1HのWhy(なぜ)にこだわる)。
> 文章を書くときは気づきや行動の根拠を常に振り返る習慣を
> つけておく。

5 簡潔な文で読みやすい記述
(一文は短く・修飾語は使いすぎない)

　読み手はゆっくり時間をかけ、何度も皆さんの文章を読み返してく
れるとは限りません。そのため、優れた文章とはテンポよく読み進め
られ、一読しただけで書き手が伝えようとしている意味を伝えきるこ
とができる文章ということになります。そうした文章を作成するとき
に気をつけたいことが、「一文に情報を詰め込みすぎない」というこ
とと、「それぞれの文がもつ情報を整理して、一連の情報として文章
を作成」するということです。

　それでは早速例文を見てみましょう。

例 1-5 情報が詰め込まれすぎた一文

　これまでは認知症がある父を献身的に母が介護していたが、苦
労を重ねてきた母にも残念ながら認知症の症状がみられるよう
になってしまい、父と母には年金がなくA氏の仕事による収入
で生計を立てているためA氏は仕事を辞めるわけにはいかない
が、日中もA氏の電話が止まない状況。

　このように一文が長すぎると、一息に読むことができず読み手にス

トレスを与えます。さらに、一文のなかで矢継ぎ早に異なる情報が列挙されており、読み手は情報を適切に処理することができません。この例文では、一文のなかに「Ａ氏両親の近況」「家族の経済状況」「日中の電話」という３つの要素が含まれており、正確に理解しようと思うと、読み手はこの文章（一文）を読み返し、何が書かれているのか（何を伝えたいのか）を再確認する必要が出てきます。その結果、次の文章へスムーズに読み進めることができなくなってしまうのです。今回の一文であれば、先ほど述べたように「Ａ氏両親の近況」「家族の経済状況」「日中の電話」という伝えたい情報ごとに一文を区切り、それらを「Ａ氏の置かれている現状」を表す情報として文章にすることが求められます。

　また、伝えたい気持ちが優先されると、修飾語が多用される傾向があります。この例文でも「献身的に母が介護していたが」「苦労を重ねてきた母」「残念ながら認知症の症状が」といった母に関する記述に修飾表現が目立っています。修飾語とは「その後に続く言葉を詳しく説明する言葉」ですが、この修飾語が多用されると一文の文字数が増え、本質的に伝えたいことが見えにくくなります。この文章で本来伝えたかったことは、「父を母が介護してきたが、その母にも認知症のような症状が現れてきた」ということです。しかし、母に関する修飾語が多いため、こうした情報に加え「母は苦労している」「母が可哀そう」という情報まで読み手に伝えてしまいます。結局、２つの情報が錯綜してしまうことで、読み手は情報処理に時間がかかってしまうのです。修飾語は言わば「言葉のスポットライト」です。書き手が一番伝えたい情報にこそ、スポットライトは当てられるべきであり、至るところがスポットライトで照らされていれば、読み手は何に注目すればよいのかわからなくなってしまいます。伝えたい本質の部分にしっかり注意が注がれるように修飾語を効果的に用いましょう。

これらのことを踏まえて修正したものが以下の例文です。

> **例 1-6 情報が詰め込まれすぎた一文（修正後）**
>
> 　これまでは認知機能の低下や物忘れがある父を母が介護していたが、母にも認知症のような症状がみられるようになってきたとのこと（A氏両親の近況）。父と母には年金がなく、A氏の仕事による収入で生計を立てているため、A氏は仕事を辞めるわけにはいかない（家族の経済状況）。しかし、日中も母からA氏に何度も電話がかかってくるようになってきている（日中の電話）。

　一文で書かれた内容を、情報ごとに整理して3つの文に分け、修飾語を削除しました。その結果、A氏家族の置かれた状況が伝わりやすくなっていることに気づいてもらえると思います。

　なお、この例文には「認知症」という疾患名が出てきますが、この時点では認知症かどうかを判断する根拠が提示されていません（受診歴無し）。「4 根拠を明示した記述」で触れたように、もし「認知症」と記載するのであれば、その根拠が示されるべきですし、そうでなければ勝手に診断名をつけてはいけません。そのためここでは「認知機能の低下や物忘れがある」や「認知症のような症状」という表現を用いています。こうした表現についても、注意しておきましょう。

> Point
>
> **文章の書き方ポイント⑤（文を整理して読みやすい文章に）**
>
> ＞ **一文に情報を詰め込みすぎない。**
> ＞ **それぞれの文がもつ情報を整理し、一連の情報として文章を作成。**
> ＞ **修飾語は「言葉のスポットライト」なので多用しすぎない。**

6 接続詞の効果的な活用

5 では、一文は短く、情報は詰め込みすぎないと述べましたが、これを意識しすぎると「文の羅列」が生じやすくなります。もちろん文の羅列でも意味は通じますが、読み手としては情報だけを断片的に突きつけられているような印象になり、その情報をどのようにつなぎ合わせていけばよいのかということを考えながら読む必要があります。そうしたときに、読み手の考えを上手にリードしていくものが「接続詞」です。接続詞には、前後の文（情報）をどのようにつなぎあわせて読んでいくべきか、ということを読者に示す機能があるのです。表1−6に、相談援助職が関わる文書において、覚えておきたい接続詞とその効果をまとめてみました。

表1−6 代表的な接続詞とその効果

接続詞	効果
原因と結果の橋渡し系 そのため / したがって / それゆえ	接続詞をはさんだ前後で、前が原因、後が結果となることを示す。
予想に反した（意外な）結果系 しかし / ところが / にもかかわらず	予想していた内容と異なる結果になったことを強調。
追加・念押し系 加えて / そのうえ / しかも	共通点や類似点、強調したい情報を連ねることを示す。
違いに着目させる系 一方で / 他方で / 反対に	異なる事物の「違い」に着目することを促す。
言い換え系 つまり / むしろ / ようするに	接続詞に続く表現が、これまでの内容の「まとめ」や「言い換え」であることを示す。
結論・考察系 このように / 以上から / このことから	これまでの情報をまとめ、結論や考察を導いていくことを予告する。

　これらがすべてではありませんが、文字数が限られる文書や、読み手が情報を要約していくことが難しそうな内容の場合、接続詞を効果的に用いることで、読み手の理解を助けることができることを覚えておいてください。

> **例 1-7　文の羅列で読みにくい文章**
>
> 　面接時には母も同席。暗い表情で自ら発言することはない。こちらの問いかけに対してはあいづちを打つ様子がみられる。発言を求めるがボソボソと話し、内容は理解できない状態。

　これが「文の羅列」です。これでも情報は伝わりますが、情報整理に時間がかかります。そこで、次のように接続詞を挿入します。

> **例 1-8　文の羅列で読みにくい文章（修正後）**
>
> 　面接時には母も同席。<u>しかし、</u>暗い表情で自ら発言することはない。こちらの問いかけに対してはあいづちを打つ様子がみられる。<u>一方で、</u>発言を求めるとボソボソと話し、内容は理解できない状態。

　「しかし」を挿入することで、地域包括支援センター職員が感じた「母は同席したにも関わらず、発言しなかった」という違和感が強調されました。また、「一方で」という接続詞が挿入されたことにより、「話は理解しているような雰囲気」と「発言内容は不明瞭」という2つの情報の違いに焦点を当てることができます。
　接続詞の使用には一定のパターンがあるものも多いので、他の人の文章等を読みながらパターンとして覚えておくことも有効です。この接続詞も多用したり、無意識に本来の用途と異なる目的で使用してし

まうと無用な混乱を生じさせる原因にもなりますので、**表1-6**を確認しながら自分の文章が接続詞を効果的に使用できているか確認するように努めてください。接続詞を効果的に用いることで、読み手の思考をリードし、情報の整理を促すことが可能となりますので、有効に活用していきましょう。

7 句読点の効果的な活用

　文章を書くうえで必ず使う、句点「。」や読点「、」は、効果的に使用することで文書をわかりやすくする大きな役割があります。

　まず句点「。」ですが、一文が長すぎると読み手には何が大切なのか伝わりにくく、一息に文章を読み切ることができなくなります。そこで句点によって情報のまとまりごとに区切ることを行います。句点があると読み手はいったん読むリズムを止め、情報を整理しようとするので、句点を効果的に用いて、読み手の情報整理を助けましょう。

　読点「、」は、文章を読みやすくしたり、誤読を防ぐ目的で用います。一般的な使用の仕方については**表1-7**に示したとおりとなります。

　読点は打ちすぎても読みにくくなるので、上記の役割を意識しながら適宜書き手が調整していくことが求められます。また、読点の打ち間違いで誤読を引き起こしてしまうことがあることも忘れないようにしましょう。

表 1-7 代表的な読点の使用例

使用される状況	効果
主語が長い場合	長い主語の後に読点を打つことで、主語を明確にすることができる。 例：長いリハビリの末に在宅復帰した A 氏は、その年に家族旅行を実現した。
接続詞の後に	接続詞自体が強い「意味」をもつため、読点で区切りをつけることで読みやすくする。 例：記録は書き終えた。しかし、報告書がまだ残っている。
名詞を並列して書くとき	名詞を並列で書く場合、名詞間を読点でわける。 例：家族は、父、母、A 氏の 3 人である。
修飾関係を明確にするとき	読点を用いて、どこからどこまでが修飾語であるのかを明確にする。 例：私は、笑いながら報告書を書く上司に会釈した。 　　私は笑いながら、報告書を書く上司に会釈した。

例 1-9 句点による誤読

　居間で身だしなみを整えた、A 氏と面接。

　例1-9の一文に違和感を抱いた人は多かったと思います。この文は句点を打つ位置を間違えたため、文のもつ情報をミスリードしています。正しくは「居間で、身だしなみを整えた A 氏と面接」とならなければいけないところ、句点を打つ位置を間違えたため、「居間で身だしなみを整えた」という修飾語が「A 氏」にかかって、誤読を招いています。

　このように、句読点は文に含まれる情報を大きく左右する影響力をもっています。感覚的に打つのではなく、情報を正しく伝え、「読み手が読みやすく感じるためにはどこに打つべきか」を検討しながら句読点を用いるようにしましょう。句読点が正しく打てているかどうか

のチェックには音読が有効です。声に出して読んだとき、違和感がなければ、正しく句読点が打てていると考えられます。

文章の書き方ポイント⑦（句読点を正しく使う）

> 句読点を使って、読むリズム、考えるリズムを読み手に伝える。
> 句読点の役割（特に読点）を踏まえて、適切な箇所に打つ。
> 音読してみて違和感がないか確認する。

8 段落の効果的な活用

　文章の構成要素には「文」だけでなく「段落」が含まれます。段落とは「ものごとに区切りがつく」という意味があり、普段の生活でも「一段落がつく」などと使ったりする言葉です。文章における段落は、長い文章の情報や話題などの区切りを示すことで、「ここからここまでが○○という情報を示す"まとまり"ですよ」ということを読み手に伝える役割を果たします。

　文章では「場面の転換」「時間の変遷」「話題の移行」「視点の変化」

図 1-3 段落による視覚的効果

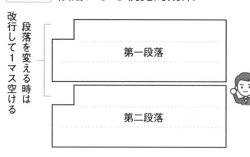

改行して1マス空ける
段落を変える時は

第一段落

第二段落

ポイント①
段落を設ければ、視覚的に展開や話題の節目を理解できる。

ポイント②
「この段落の話題は…」と頭を整理しながら読み進めることができる。

など、情報が展開されていきます。情報量が多く、情報の展開がみられる場合は話題の節目ごとに段落を設けましょう。段落を設けるときは、「改行し、最初の1マスを空けて書き始める」というルールがあります。段落の強みはここにあります。1マス下がっているので、一目で話題やテーマが展開されることがわかります。

　読み手は目で展開を捉えているので、わざわざ言葉で説明しなくても新たな段落に入ると、気持ちの切り替えを自動的に行ってくれます。この段落のもつ機能をうまく使えば、複雑な展開のある情報でも読み手をうまくリードすることができます。

　なお、1つの段落にその情報の"まとまり"と全く異なる情報を組み込むことには注意が必要です。段落を設けることで「この段落では、1つの情報としての"まとまり"を提示しますよ」というメッセージを読み手に送ることになるわけですから、その"まとまり"から逸脱した情報を記載してしまうと、読み手は「この内容も"まとまり"に含まれるのか？」という混乱に陥りかねません。段落を設けた文章を作成したのであれば、読み返したときに段落内の情報に逸脱や齟齬がないか確認する習慣をつけていきましょう。また、こまめに段落を設けすぎると、場面や視点がコロコロ変わる印象を与えてしまいますので、まさに「一段落つける」ペースで段落を設けるようにしましょう。

Point

文章の書き方ポイント⑧（段落を活用した情報の整理）

› 場面、時間、話題、視点が展開される場合は段落を設ける。
› 段落は情報の"まとまり"を示すものであり、段落のもつ"まとまり"から逸脱した情報を記載しない。

9 小見出しの活用

①場面や話題の転換

　段落には「話題や視点がここから変わるのだな」という気持ちや思考の切り替えを、視覚情報として読み手に促す機能があることを説明してきました。さらに、この切り替え時に、「この次の話題は○○です」というメッセージが読み手に伝わればどうでしょうか？　こうした次の話題に対するヒントの有無によって、読み手の読みやすさ、理解度に違いが出てきます。

　そのヒントを示すものが「小見出し」です。小見出しは、"大きな"話題の転換点や場面の遷移時に活用されます。段落を設けるタイミングと似ていますが、1つの小見出しで複数の段落をまとめるイメージで小見出しを活用してください。一般的には小見出しだけで1行使い、小見出しであることを示すために他の文章と異なるフォントや強調（太字や斜体）を用いて記載します。小見出しを付ける際の注意点としては、「簡潔に表現する」「読点を多用しない（できれば使用しない）」が挙げられます。

②小見出しで文書の全体像を可視化

　わかりやすい文書、読みやすい文書は小見出しを読むだけで何が書かれているのかわかります。小見出しは読み手にとって文書に記載されている情報の全体像をつかむために設けられた目印のような役割も果たします。文書作成時には小見出しだけを読んで全体の流れがつかめるか確認し、うまく理解できないときは段落の入れ替えなどを行い推敲していくことで、「伝わる文書」へ近づけていくことができます。

　また、逆の発想として、書き手が文書を作成する際にまず小見出しを作成し、全体の流れをイメージしたうえで文章を書き始めるという

ことも行われます。文書のなかには既に書くべき内容（小見出しに近いもの）がフォーマットとして準備されているものもありますが（例えば契約書）、こうしたフォーマットが無い場合は、まず書き手が小見出しを考えて文書の全体像をレイアウトできると文章が書きやすくなります。情報整理ができるだけでなく、文字数制限のある文書（学会抄録など）では、文字数の全体バランスもイメージできるので小見出しを活用していきましょう。

図1-4　小見出しは読み手・書き手双方に有効

Point
文章の書き方ポイント⑨（小見出しで文書の道案内）
〉話題や場面が大きく変わるときは、小見出しを示す。
〉書くべき内容を小見出しで整理して書き始める。

10　箇条書きの活用

　一文を簡潔に書くということは先述したとおりですが、それを突き詰めた形態が「箇条書き」です。箇条書きは、書き手の主張や接続詞、細かな説明を極力省き、伝えたい情報だけを記述する方法です。そうすることで、読み手は文章を読み進める作業を省略し、必要な情報に

直接行きつくことができます。逆に言うと、細かな説明が必要な情報の場合、箇条書きは不向きということになります。箇条書きに向いている情報とは事物の名前や障害名、疾病名などの名詞や、金額、血圧などの数値情報、決定事項や端的に言い表せる状態などで「客観性の高い（誰もが納得できる）情報」です。つまり、人によって捉え方が変わることがない情報は箇条書きに向いているということです。

例 1-10 箇条書きで情報を把握しやすくする

　A氏は50歳女性。80歳の父と74歳の母あり。3人暮らし。A氏は仕事をしており収入あり。父と母は無年金。ボロボロのアパートの2階で暮らしている。父も母も受診歴なし。介護サービス利用なし。経済面を支援する制度利用なし。

　例文ではA氏の基本情報が文章で示されています。ここで触れられている情報は客観性の高い情報が大半を占めます。それではこれらを箇条書きに直してみましょう。

例 1-11 箇条書きで情報を把握しやすくする（修正後）

〈A氏の基本情報（家族構成と生活状況）〉
　家族構成：A氏（女性、50歳）
　　　　　　父（80歳）、母（74歳）と3人で同居
　生活状況：A氏（就労収入あり）、父・母（収入なし、無年金）
　住　ま　い：アパート2階
　サービス：父・母ともに受診歴なし
　　　　　　介護サービスの利用なし
　　　　　　経済面を支援する制度の利用なし

　文章を読まなくてもよい分、Ａ氏の状態がスピーディーに伝わってきたと思います。箇条書きをする際、気をつけておきたいことが書式です。端的に情報を読み手に伝えることを目的に箇条書きにするので、その書式も「わかりやすさ」を追究していきましょう。まず、箇条書きで記載する情報を整理してグループ化しましょう。グループ化した情報にタイトルをつけて、箇条書きと合わせて示すことができれば読み手の理解度は格段に上がります。さらに、行頭記号（・や◆など）やインデント（空白による字下げ）を用いて他の文章箇所とコントラストをつけることで、「この部分が箇条書きですよ」ということを示しておくと、読み手は視覚的に情報を把握しやすくなります。

　一方で、箇条書きを多用しすぎると印象に残らない文書になってしまうことに気をつけておきましょう。

Point

文章の書き方ポイント⑩（箇条書きを用いて迅速な情報伝達を）

› **客観性の高い情報については、箇条書きを用いて整理することで迅速に情報伝達できる。**

› **箇条書きを行う際には、書式やレイアウトを工夫してわかりやすさをさらに追究する。**

　「わかる！　伝わる！　文書の書き方のポイント」として10項目の内容をみてきました。ここで改めて「読みづらい事例の記録」をみていきましょう。10のポイントをもとに、指摘事項を太字で記しています。指摘事項をもとにどう直すべきか、考えてみてください。

〈A氏との初回面接の記録（4月4日（土））〉

　A氏は50歳女性。80歳の父と74歳の母あり。3人暮らし。A氏は仕事をしており収入あり。父と母は無年金。ボロボロのアパートの2階で暮らしている。父も母も受診歴なし。介護サービス利用なし。経済面を支援する制度利用なし。**⇒細かい情報が続く場合は箇条書きが有効**

　地域包括支援センターに疲れたA氏（**←根拠が不明瞭**）からこれ以上父と母の世話をすることは無理です。どうしたらよいでしょうか（**←「」が活用されていない**）と電話があった。これまでは認知症がある父を献身的に母が介護していたが、苦労を重ねてきた母にも残念ながら認知症の症状がみられるようになってしまい（**←修飾語多用**）、父と母には年金がなくA氏の仕事による収入で生計を立てているためA氏は仕事を辞めるわけにはいかないが、日中もA氏の電話が止まない状況。（**←一文が長い**）。翌日A氏宅を訪れた。（**←6W1Hが不足**）

　初回面接における相談内容、（**←小見出しがなく、本文と一体化している**）居間で身だしなみを整えた、A氏と面接（**←読点の位置がおかしい**）。A氏は疲れ切っていた。A氏は家事を頑張っている（**←6W1Hが不足、根拠が不明瞭**）。A氏は働かなければならないが（**←6W1Hが不足**）、これまで父の介護を担っていた母の様子に異変があり、仕事を終えて家に帰っても家事がまったくされておらず（**←読点がなく読みづらい**）、日中も母からの電話が度々かかってくるため仕事を早退するなど対応に追われたので支援を希望（**←6W1Hが不足、読点がなく読みづらい**）。面接時には母も同席。暗い表情で自ら発言することはない。こちらの問いかけに対してはあいづちを打つ様子がみられる。発

言を求めるがボソボソと話し、内容は理解できない状態。（←**文の羅列、接続詞が不足**）。父は和室で寝ており話すことはできなかった。昼夜逆転がみられる。日中は寝ているかボーっとしている。（←**接続詞が不足して文章の流れがわかりづらい**）Ａ氏に介護保険の説明をすると、Ａ氏は安心して利用を希望した（←**6W1Hが不足**）。土日は仕事がなく月曜日も休みということだったため、月曜日に訪問して今後の支援体制について相談することになった（←**6W1Hが不足**）。虐待等の様子はみられないが、早急な対応が必要である。父・母の状態を詳しく確認する。（←**段落・小見出しがない**）Ａ氏の支援体制を検討し、サービスを受けさせる。

「どのように修正すべきか」という点まで考えられたのであれば、文章を書く基本が身についているということになります。指摘箇所をもとに修正した文書を36ページ（**例1－14**）に掲載しますので、答え合わせのような感覚で確認してください。実際の文章には、ある程度の書き手の“個性”が反映されるものですので、必ずこの文書のように書かなければならないというわけではありません。ポイントを外すことなく書き進められる「自分のスタイル」を、練習や経験を積みながら身につけていってください。

3 相談援助職の倫理に基づいた文書作成

　ここまで「文章をうまく書くためのポイント」を整理してきました。しかし、文章がいくらうまく書けていても、内容（落とし込まれた情報）が伴っていなければ意味がありません。相談援助を介した気づきのもち方や情報収集・分析力の向上等、記載する内容を充実させるための方法論の提示は本書の目的ではないので割愛しますが、専門職が「ふさわしい文書」を作成するために、内容以外に押さえておきたい要素があります。それは相談援助職の倫理に基づいた表現です。ここではその要素について説明していきます。

1 書いた内容に責任をもつ（文責）

　音声で思いや考えを伝える発言と、文章で記した文書の決定的な違いは「形として残る」という点にあります。だからこそ、後で読み返し、事実や実践を振り返る材料として使えるわけですが、その分、発言以上に文書に込めた意味や考えに対する責任に大きな注意を払う必要があります。いわゆる「文責」と呼ばれるもので、作成された文書の責任は作成者が負うという考えです。個人の考えを匿名で発信する文書（SNSなど）と異なり、相談援助職が作成する文書は、個人としての責任だけでなく、専門職としての責任も付随してきます。こうした責任を軽視した文書が残ってしまうと、作成者個人の責任だけでなく、所属機関や専門職種全体の資質が問われることになり、社会的な信用を失うことにもつながりかねません。では、何がふさわしくない内容にあたるのでしょうか。以下で具体的にみていきましょう。

2 他者の考えや主張を勝手に用いない（出典の明示）

　実践現場における考えや気づきには、個人のセンスだけでなく先人の考えや蓄積された過去のデータに基づくものも多くあります。文書を作成する際、そうした先人が取り組んできた実践や情報を援用することで文書の信頼性を高めたり、内容に深みをもたせたりすることができます。特に、学会発表時に作成する「抄録」や実践内容を広く社会に発信する目的で作成された「報告書」、研究した内容を学会誌などへ投稿する「研究論文」といった文書において、他者の考えを用いたり、既に調査実施されたデータを引き合いに出したりする機会が増えます。そうした際に、必ず明示しなければならないものが「出典」です。つまり、誰の、どのような資料（書籍、論文等）を用いて書かれた文書なのかを明記しなければなりません。これらは著作権法第32条（引用）および同法第48条（出所の明示）で明確に規定されています。

　ではどのような場合に出典を明示することが求められるのでしょうか。それは他者の書籍や論文に記載されている文章の一節を自らの文書内に用いた「引用」の場合です。この引用について出典の明示に関する適切な処理がなされていないと「盗作」や「剽窃（他人の文章や考え方、データを許可なく使用し、自分のものとして発表すること）」の疑いがかけられます。

　出典として書誌情報を示す方法（書き方・記述法）は学会などによってバリエーションがありますが、基本的には本文内に引用箇所を示し、本文末に〈引用文献〉という欄を設けて書くことになります。

引用した書誌情報と本文文章の関連付け例（バンクーバー方式）

本文内

…そうした過程の中で、他人の文章と自分の文章の違いを明確に
する必要がある[3]と述べられている。…

〈引用文献〉※書誌情報は引用した番号順で並べる
1）報告一郎：報告書のまとめ方．●●学会誌，1（2）：25-32（1992）.
2）文書一夫：文書の基本．第2版，▼▼出版，東京（2010）.
3）論文太郎：論文の行方．■■学会誌，12（1）：3-11（2000）.

引用した書誌情報と本文文章の関連付け例（ハーバード方式）

本文内

…そうした過程の中で、他人の文章と自分の文章の違いを明確に
する必要がある（論文太郎．2000）と述べられている。…

〈引用文献〉※書誌情報は筆者名を五十音順で並べる
文書一夫：文書の基本．第2版，▼▼出版，東京（2010）.
報告一郎：報告書のまとめ方．●●学会誌，1（2）：25-32（1992）.
論文太郎：論文の行方．■■学会誌，12（1）：3-11（2000）.

　ちなみに、本文に他者書誌に記載されている文章の一節をそのまま
引用する場合を「直接引用」と呼び、本文内では「　」で括って記載
するルールがあります。
　また、「引用文献」として記載する書誌情報の書き方も、自然科学
系や生物・医学系などの学問領域や学会によってやや異なりますが、
ここでは記載例として一般社団法人日本ケアマネジメント学会を参考
にみていくこととします。

【雑誌に掲載されている論文から引用した場合】
著者名：論文表題. 雑誌名、巻（号）：頁—頁（発行西暦年）.

【単行本から引用した場合】
著者名：書名. 版数、発行所、発行地（発行西暦年）.

【単行本（論文集）に掲載される論文から引用した場合】
著者名：論文名.（編者名）シリーズ・叢書名巻数；該当巻書名、頁—頁、版数、発行所、発行地（発行西暦年）.

　書誌情報については、ピリオド「.」とカンマ「,」が原則的に用いられます。その他、欧文書誌の書き方や、巻号等を太字・斜体・下線で強調する場合もありますが、詳細については発表する予定の学会ホームページや学会誌に、引用の仕方について記載されていますので確認しておきましょう。また、学会発表等以外の場合は国際標準化機構（ISO）の規格をもとにして国立研究開発法人科学技術振興機構（JST）が示している、科学技術情報流通技術基準（SIST）の１つである「SIST 02」を参考にしてみてください。

　最近ではインターネット上に掲載された情報などを引用する場合もみられますが、インターネットからの情報の場合、「SIST 02」に従えば、

【ウェブサイトの記事から引用した場合】
著者名. "ウェブページの題名." ウェブサイトの名称. 更新日付（可能であれば）.
入手先（例：厚生労働省HP）、（入手日付）.

となります。更新日付については、必須項目ではないとされていますが、表示されている場合は記載しましょう。また、日々更新される特性を考慮して「入手日付」である閲覧日を記載することも求められて

います。しかし、ここで注意しなければいけないことは、ウェブサイトの記事は匿名で作成されているものも多く、情報の信頼度もあまり高くないものが多いということです。そのため、ウェブサイトからの引用は最低限にとどめ、引用する場合は公的機関のサイト等の信頼度の高いサイトを引用するようにしましょう。

3 相談援助職の倫理に基づく表現・記載

　相談援助職として文書を作成する以上、その文書には専門職としての価値や倫理が反映されなければなりません。文書作成者は、個人というだけでなく、専門職という看板を背負って文書を発信することになるからです。相談援助には、介護支援専門員や保健師、社会福祉士などさまざまな専門職が関わっており、それぞれに異なる専門職の価値観や倫理観が存在します。しかし、「利用者や家族の尊厳保持」「専門職として行った行為の説明責任」「守秘義務の遵守と個人情報保護の徹底」は相談援助に関わる専門職に通底している考えであり、文書作成にもこれらは最低限反映されなければなりません。例文のなかにもこうした倫理観から逸脱した記述が何点か認められます。

> **例 1-13 相談援助職としての倫理から逸脱した表現**
>
> 　Ａ氏は50歳女性。80歳の父、74歳の母あり。３人暮らし。Ａ氏は仕事をしている。ボロボロのアパートの２階で暮らしている。父も母も受診歴なし。介護サービス利用なし。
> （中略）
> 　Ａ氏の支援体制を検討し、サービスを受けさせる。

　確かに、古くて外観が頼りない建物を見ると「ボロボロ」という印

象をもつかもしれませんが、専門職として文書を作成する際にこのような表現を用いることは言語道断です。このアパートで親子は実際に生活しているわけであり、A氏を含む家族がこの記載を読んだらどのような気持ちになるでしょうか。他人から、我が家を「ボロボロ」呼ばわりされて良い気分になる人はいないはずです。利用者や家族の尊厳を踏みにじるような表現は、間違っても使ってはいけません。

また、「サービスを受けさせる」という表現も尊厳を損なう表現です。サービスを受けることは当事者の権利であり、他者から強制されるものではありません。専門職は、A氏やその家族との関係性において、上位の立場に立つ存在でもありません。「〜させる」という表現は使役系とも呼ばれる文法であり、他者に行為を強制する意味合いを含みます。こうした表現が用いられると、読んだ当事者は「私たちは専門職に従わなければならない存在なのか」という気持ちを抱きかねません。その他、今回の例文では出てきませんが「〜してあげる」という表現も立場の上下を暗示する表現であり避けるべきです。

なお、「専門職として行った行為の説明責任」については、「 4 根拠を明示した記述（13ページ）」で触れたように、専門職として行った判断や行動については常に根拠を示して文書を作成するようにしましょう。「守秘義務の遵守と個人情報保護の徹底」については言うまでもありません。文書の目的によっては、第三者が目にする可能性があります。不用意に個人情報を書類に記載しないことを徹底すると同時に、個人情報に係る内容の開示が必要な場合はその目的を本人に伝えたうえで記載、開示の同意を得るなどの手続きをとる必要があります。

文書を作成する際、無意識に使用している表現がこうした倫理から逸脱している可能性があることを含め、文書作成時にはしっかり読み返して表現を確認することが求められます。専門職としての自覚をもって文書と付き合っていけるようになりましょう。

〈A氏との初回面接の記録（4月4日（土））〉

・A氏の基本情報（家族構成と生活状況）

家族構成：A氏（女性、50歳、未婚・子供なし）、
　　　　　父（80歳）、母（74歳）と3人で同居している。

生活状況：A氏は工務店で経理事務として30年間勤務してお
　　　　　り、A氏の収入で生計を立てている（父・母は無
　　　　　年金）。

住 ま い：築40年の木造アパート2階（賃貸）。

サービス：父、母ともに受診歴なく、介護サービスの利用も一
　　　　　切なし。経済面を支援する制度も利用していない。

・A氏との初回面接までの経過

　4月3日（金）17：00頃、包括にA氏から入電。電話でA
氏は疲れ切った声で、「これ以上父と母の世話をすることは無理
です。どうしたらよいでしょうか」と訴えがあった。そこで状況
を確認したところ、A氏は父と母と3人で暮らしており、これ
までは認知機能の低下や物忘れがある父を母が介護していたが、
母にも認知症のような症状がみられるようになってきたとのこ
と。父と母には年金がなく、A氏の仕事による収入で生計を立
てているため、A氏は仕事を辞めるわけにはいかない。しかし、
この1週間ほどは日中も母からA氏の携帯電話、職場を問わず
電話が止まない状況があり、夜もA氏が一人で認知症の父と母
の介護をしているため、心身ともに疲れてしまったとのこと。

　すぐの訪問を提案したが、A氏の意向もあり、翌日9：00に
A氏宅を訪れることになった。初回面接では緊急性の判断を主
眼に、世帯全体の状況を把握するために保健師と社会福祉士で訪
問することとした。

・A氏との初回面接における相談内容

　4月4日（土）9：00にA氏宅を訪問。居間に迎え入れてくれたA氏は身なりを整えていたが、表情には疲れが見て取れた。室内は片づいており、ベランダには洗濯物が干されているなど、A氏が頑張って家事をしていることがうかがえた。

　主訴としては、父と母の介護と仕事の両立が難しく、サービス利用の希望あり。生計維持のためには働かなければならないが、これまで父の介護を担っていた母の様子に異変があり、この1週間は仕事を終えて家に帰っても家事がまったくされておらず、日中も母からの電話が度々かかってくるため仕事を早退するなど対応に追われたとのこと。これまでは介護サービス等一切利用していないが、これを機に支援を希望された。

　面接時に母も同席する。しかし、暗い表情で自ら発言することはなかった。こちらの問いかけには頷くが、ボソボソと話すため聞き取りが困難な状況。父は和室で寝ており、話すことはできなかった。A氏によると昼夜逆転がみられ、日中は寝ているかボーっとしている。

　主訴の確認後、A氏に介護保険の説明をすると、A氏は少し安心した様子で利用を希望した（母は無反応）。土日は仕事がなく、月曜日も休みということだったため、再度4月6日（月）10：00に訪問して今後の支援体制について相談することを確認し、面接を終えた。

・初回面接を踏まえた今後の対応方針

　虐待等の様子はみられないが、早急な対応が必要である。4月6日の訪問では、父・母の状態を詳しく確認すると同時に、A氏の希望も踏まえて、今後の支援方針や支援体制等について検討する。

4 文章力向上のプロセス

　第1部では、他者が読んだときにわかりやすい、伝わりやすい文書の書き方と、相談援助職の倫理に基づいた文章作成について確認してきました。しかしながら、このような文章作成のポイントを理解すれば、すぐに読みやすい文章を書くことができるようになるのかというと、なかなか難しいところです。

　文章を書く能力である"文章力"は、実践的な能力であり、知識を獲得するだけですぐに向上するものではありません。それでは、どうすれば文章力を向上させることができるのでしょうか？

　利用者との面接を例に考えてみましょう。相談援助職として、面接を行う能力である面接力の向上は必要不可欠です。しかし、面接技術に関する本を読んだだけでより良い面接を行えるようになるかというと、そうはいきません。より良い面接を行えるようになるためには、実践経験が必要です。ただし、日々多くの面接を行うだけでは面接力は向上しません（もちろん、一定程度の向上は見込めますが、面接するだけでは限界があります）。面接力を向上させるためには、面接技術に関する知識を学習し、面接に熟練した人の面接を観察したうえで、そこで見聞きしたことを自分でも実際に実践すること、さらにはそれを反省し、うまくできていなかったことを修正していくことが必要です。これはつまり、実践的な能力を向上させるためには、学習→観察→実践→反省→修正というプロセスが必要であることを示しています。

　文章力の向上にも同じことがいえます。文書の書き方に関する知識を得るだけ、実際に文章を書く経験だけでは不十分であり、学習→観

察→実践→反省→修正のプロセスが必要です。それでは、文章力の向上を目的とした場合、各プロセスでは具体的にどのような取り組みを行えばよいのか、確認していきましょう。

1 文章力向上のための学習

　文章力向上のための学習では、文書の書き方について勉強します。具体的には、さまざまな文書の書き方に関する知識を得ることです。本書第1部では、読みやすい文書の書き方について10のポイントを確認してきました。他にも文章力向上をテーマとした本は多くありますが、一度に得られる知識には限界があるので、まずは10のポイントを押さえた文章を書けるようになることから取り組むことをお勧めします。

　そしてもう1つ、読みやすい文章を書くためには、伝えたいことを的確に表現できる単語を知っていることが必要です。いくら文章の書き方を理解しても、語彙が乏しければ読みやすい文章は書けません。そのため、文章力向上のための学習では、語彙を増やすことにも取り組みましょう。具体的には、さまざまな文章を読み、今まで自分が使ったことがない単語に出会うことです。また知らない単語を見つけたときには、そのまま読み流してしまうのではなく、その意味を調べて、自分も使えるようになっていくことが重要です。

2 文章力向上のための観察

　文章力を向上させるための観察とは、読みやすい文章、上手な文章を読むことです。一括りに文章といってもさまざまな種類があり、例えばエッセイと学術論文ではまったく書き方が違います。語彙を増や

すことが目的であれば、種類にこだわらずにできるだけ多くの文章を読むことが有効です。しかし、文章力を向上させることが目的であれば、自分が書こうとしている種類の文章に関して、読みやすい文章、上手な文章を読むことが必要です。

　支援記録をうまく書けるようになることが目的なら、読みやすい支援記録を読み、学会発表の抄録（※詳しくは第3部、第4部参照）をうまく書けるようになりたいなら読みやすい抄録を読みましょう。その際、ただ読むのではなく、なぜ読みやすいのかを考えてみることが文章力向上には効果的です。具体的には文章の書き方のポイントと照らし合わせて、6W1Hをどのように記述しているのか、段落、箇条書き、小見出しをどのように使っているのかを確認してみることで、それらの活用方法の理解につながります。

3　文章力を向上させるための実践

　文章力を向上させるための実践とは、自分で文章を書いてみることです。ここでも観察と同様に、何でも書けばよいということではなく、自分で上手に書けるようになりたい文章を書くことが必要です。支援記録をうまく書けるようになりたいなら支援記録を、学会発表の抄録をうまく書けるようになりたいなら抄録を書きましょう。

　しかし、漫然と文章を書くだけでは文章力は向上しません。これまで学習と観察で得た知識をしっかりと活用しながら文章を書いてください。そこで、今までできていなかった書き方のポイントを踏まえたり、使っていなかった単語を使ったりすることで、少しずつ読みやすい文章を書くことができるようになっていきます。

4 文章力向上のための反省

　文章力向上のための反省とは、自分が書いた文章を読み直し、読みやすい部分、読みづらい部分を確認することです。文章力に自信がなければ、自分が書いた文を読み直すことはつらい作業だと思います。しかし、書いたまま読み直すことをしなければ、そこでの読みづらい表現が確認できず、今後も同じような表現を繰り返し使ってしまいます。専門職としての自己研鑽という目的からも、頑張って書いた文章を反省するようにしましょう。

　具体的な文章の反省方法としては、自分で読み直してみることです。それも、書いてすぐに読み直すことと、書いたあと時間をおいてから読み直すことをお勧めします。時間をおき、書いた時の意図を忘れ、先入観をなくしてから自分の文章を読むと、書いた時には気づけなかった読みづらい部分を発見することができます。それでも自分で気づける範囲には限界があるので、他者にも読んでもらい、読みやすい部分、読みづらい部分を教えてもらうことが重要です。

5 文章力向上のための修正

　文章力向上のための修正とは、書いた文章を読み直して読みづらい部分を修正することではなく、その作業を通して読みづらい文章の原因となっている書き方の癖を修正していくことです。せっかく書いた文章を読み直して、わかりづらかった部分を修正したとしても、次の文章を書いた時に同じようにわかりづらい表現をしていては、文章力が向上したことにはなりません。

　つまり修正とは、反省した結果を次に活かしていく作業といえます。このように「学習→観察→実践→反省→修正」に取り組むことに

より、文章力を向上させていくことができます。

　以上、文章力を向上させるためのプロセスについて説明してきました。これらをまとめると、文章力向上には**図１−５**のような取り組みが必要です。

図 1-5 　文章力を向上させるためのプロセスと取り組み

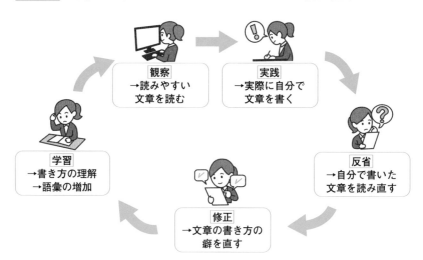

第 2 部

事例検討会における発表者（事例提供者）になろう！

第1部では、文書・文章の書き方を学びました。事例研究に取り組む前に、第1部の学びを活かしてまずは事例を書くことをお勧めします。また、それに関連して事例検討会における発表者（事例提供者、以下、「発表者」という）になってみることから取り組んでみましょう。ここで想定している事例検討会とは、高齢者支援の領域を例にすると、地域ケア個別会議のように業務として位置づけられているもの、業務時間外に地域の有志メンバーや事業所等の連絡協議会のような団体が地域内の専門職を参加者として開催する勉強会形式のもの、学会の地区ブロックや職能団体が主催する学会や職能団体活動として行われるものなどです。

　こうした事例検討会は、現在も支援が行われている事例（現在進行形事例）や支援が終了した事例（終了事例）について、設定したテーマを参加者と一緒に検討することで、課題解決方法の多角的な検討や参加者の実践力向上を目的としており、相談援助職にとってとても重要な機会です。

　しかし、事例検討会に参加したことはあっても、発表者になったことはない、という方もいるのではないでしょうか？　事例研究に取り組む前に事例検討会の発表者になることをお勧めするのには、以下のような理由があります。

- 事例検討会は、多くの相談援助職が参加したことがある、実践的なテーマを取り扱うなど、相談援助職にとって身近な存在であること。
- 事例検討会では検討するテーマを自由に設定することができること。
- テーマに対して発表者が事前に結論をもっていなくてよいこと。
- 発表者になると、事例を書く、発表する、参加者からの質疑に答えるなど、事例研究の学会発表と近い経験ができること。

　それでは、事例検討会における発表に向けて、どのように準備をして臨めばよいのか確認していきましょう。

1 事例検討会の概要と発表者に向けたポイント

事例検討会の目的などの概要を整理したものが**表2-1**です。

表 2-1 事例検討会の概要

目的	・検討事例に関する課題解決の方法の検討 ・参加者の実践力向上
テーマ	・参加者が検討したいことなら、何でもよい
用いる事例	・現在進行形事例、終了事例どちらも可
参加者の役割	・司会進行係　・記録係　・発表者 ・一般参加者　（スーパーバイザー）
参加者の制限	・目的を共有する人々。事例検討会によって制限有り ※基本的に利用者や家族は参加しない
事例の匿名性	・匿名
守秘義務	・有り
頻度・強制力	・随時開催　・任意参加（※場合によっては強制力有）

資料：「特集事例検討のススメ」『ケアマネジャー』第2巻第9号、16頁を一部改変

1 事例検討会の目的

　事例検討会の目的は2つあります。まず1つが、多くの参加者が知恵を出し合い、検討事例に関する課題解決の方法を検討することです。そしてもう1つは、他の専門職が関わった事例について追経験を

したり、多くの参加者の意見を聞いたりする経験などを通して、発表者だけでなく参加者全員の実践力を向上させることです。

　発表者になることを躊躇する理由として、「自分の支援を非難されるのではないか？」「自分の事例を聞いて他の専門職の勉強になるのだろうか？」という声を聞くことがあります。

　1つ目の自分の支援に対する非難については、事例検討会でルールを定め（「非難はしない」など）、参加者がそれを守ることで避けることができます。参加者のサポーティブな姿勢をルールで定めていることが多いため、安心して参加しましょう。

　2つ目の不安ですが、参加者間の活発な議論があればどのような事例でも参加者は学びを得ることができます。つまり、そこでの学びは事例内容だけでなく検討からも得られるものなので、発表者が気負いすぎる必要はありません。参加者から教えてもらおうという気持ちで臨むことが大事です。

Point

発表者に向けたOne ポイント！

> 事例検討会はサポーティブな場なので、安心して発表者になってみましょう！
> 事例検討会の学びは参加者による議論が大切なので発表者一人が気負いすぎないように。

2　事例検討会のテーマ

　事例検討会のテーマは"参加者が検討したいこと"ですが、多くの事例検討会では検討する事例にタイトルや事例提出理由が記載されており、これは一般的に発表者が設定します。事例提出理由には、「何について検討したい」ということが明記されており、これが事例検討

会のテーマになることが少なくありません。つまり、基本的には発表者がテーマを設定することになります。

　発表者になる場合、自分が事例検討会のテーマを設定することに抵抗感をもつ人もいるでしょう。事例検討会のテーマは上記のとおり、基本的には発表者が決めるものですが、それは発表者が一人ですべて考えるという意味ではありません。事例検討会の主催者や司会者と打ち合わせをしながら設定するのが一般的です。また、提出事例についても事例検討会前に主催者がチェックしてアドバイスをくれることも多いので、「発表者になれば主催者等からアドバイスをもらいながら事例をまとめる機会を得られる」と考えて、積極的に挑戦してもらいたいと思います。

> ### Point
>
> 発表者に向けたOne ポイント！
>
> ＞事例検討会で発表者になれば主催者等のアドバイスをもらいながら事例をまとめることができます！

3　事例検討会に用いる事例

　事例検討会で提出する事例は、現在支援が進んでいるもの（現在進行形事例）、支援が終了したもの（終了事例）、どちらでも OK です。

　現在進行形事例では、基本的に今後の支援方法について検討するというテーマ設定になります。

　終了事例では、自らの支援の振り返りや解消されていない疑問など、テーマ設定の幅が広がります。また、施設入所等で自身の担当から外れたり、ご本人が亡くなったりという明確な終了事例だけでなく、現在も支援が継続している利用者の支援困難だったときの状況を振り返って検討する場合も、終了事例と似た性質をもちます。終了事

例の発表のほうが、事例研究の発表に近い性質をもっているので、事例研究の学会発表を目指すなら終了事例を提出することも有効です。

column　事例検討会の発表事例で事例研究！

　事例検討会で提出する事例は、支援に行き詰まったり、困難さを感じたり、また支援のプロセスや結果に引っかかりを感じた等、自分一人では解消することが難しい疑問を抱いたものが適しています。そして、事例検討会の参加者の多くが同じような悩みや疑問を感じており、議論が大いに盛り上がった場合に、その提供事例や検討内容は高く評価されます。

　事例検討会で高く評価された事例は、事例研究を行い、学会発表を行うことに適しているものであることが多々あります。事例検討会で議論を深められた事例があれば、次のステップとして事例研究に取り組んでみてはいかがでしょうか？

4　事例検討会における参加者の役割

　事例検討会には、司会進行係、記録係、発表者、そして一般の参加者がいます（司会進行係と記録係は兼務の場合も）。また、スーパーバイザーがいる場合もあります。

　このうち、司会進行係は事例検討会前に発表者から事例を受け取り、事例検討会のテーマや流れに関する打ち合わせを行い、また当日には事例検討会全体の進行を担う重要な役割です。そのため、発表者になる場合には、事例提出前から司会進行係と打ち合わせをする必要があることを覚えておきましょう。

　ただし、事例検討会によっては事前の事例提出先が司会進行係とは別に設定されていることもあります。事例の提出先、提出方法、提出

様式等をあらかじめ確認しておくことが重要です。こうした入念な確認は、事例研究の学会発表に向けた練習にもつながります。

5 事例検討会における参加者の制限

　事例検討会の参加者はさまざまです。誰でも自由に参加できるもの、地域で参加者を限定しているもの、学会や職能団体の会員に限定しているもの、毎回固定の参加者のみで実施しているもの等があります。

　発表者は参加者と質疑応答を行います。職種によって使用する専門用語に違いがある場合もあるため、参加者を踏まえて準備しておくと当日の質疑応答がよりスムーズになります。

　学会発表にはさまざまな参加者がいるため、参加者が制限されていない事例検討会で発表するほうが、学会発表での事例研究発表を意識した質疑応答の練習には向いているかもしれません。

6 事例検討会で用いる事例の匿名性、守秘義務

　基本的に事例検討会で検討する事例は匿名化されます。ただし、匿名化しても事例検討会で開示される情報から本人を特定できる可能性はゼロにできません。そのため、参加者は事例検討会で得た情報にも守秘義務が課されていることを理解し、秘密保持を徹底することが求められます。

　しかし、匿名化のために事例の情報を伏せすぎると有意義な検討はできません。ですので、司会進行係とも相談して、事例検討シートの当日配布・当日回収の徹底や、口頭で事例情報の説明など、匿名化にも配慮した効果的な情報共有の方法を検討することが必要です。

7 事例検討会の開催頻度・強制力

　事例検討会は、1～3か月に1回のように定期的に開催しているものもあれば、開催期間の定めがなく随時開催しているものもあります。また参加は基本的に任意ですが、職場内で開催されるものに関しては業務として参加が義務づけられる場合もあります。

　事例検討会でいきなり発表者になるのはハードルが高くなります。少なくとも1回、できれば2～3回は発表者になる前に一参加者として事例検討会に参加しておきましょう。これは学会等での事例研究発表でも同じです。発表したい学会があるなら、事前に1回は参加して学会発表の方法や雰囲気を理解しておくことが重要です。

Point

発表者に向けたOneポイント！

> 事例検討会で発表者になる場合、その場に慣れるために、あらかじめ一参加者として参加しておきましょう。

> 同様に事例研究の学会発表に取り組む場合も、発表する前に一参加者として学会に参加しておくことをお勧めします。

　以上、事例検討会の概要と発表者に向けたポイントを確認しました。学会等における事例研究発表と関連づけて説明しましたが、事例検討会での発表はそれ自体に意義があることです。事例研究については第3部で詳しく説明しますが、その前に事例検討と事例研究を比較しながら、それぞれの意義と方法を確認していきましょう。

2 事例検討と事例研究の関係性

それでは、事例検討と事例研究の違いや共通項などの関係性について確認していきます。事例検討と事例研究をほぼ同義で使い、事例検討会と似通った内容のものを事例研究会という名称で呼んでいるものがあります。本書では、事例研究を研究として実施するものに限定して定義しており、それは事例検討と明確に異なるものです。それぞれの特徴は、**表２－２**に示すように整理することができます。

1 事例検討と事例研究の目的の違い

事例検討と事例研究には多くの違いがありますが、これは事例検討が「実践」を志向し、事例研究が「研究」を志向していることから生じています。事例検討は、発表者が"支援で抱えている課題"や"解消できずにいた疑問"を参加者全員が協力して検討していくものです。これに対して、事例研究は発表者（研究者）が試行錯誤により実践してきた"より良い支援"や抱えていた疑問に対する"考察結果"について学会発表等を通じて世に広く発信していくものといえます（**図２－１**）。

図２－１でまとめたとおり、事例検討会はある意味で支援における"プロセス"のなかでの実施が基本になります。現在進行形事例を用いるときはもちろんですが、終了事例を用いる場合でも発表者がまだその事例で抱えた疑問を解消できていない状況が継続しているため、それは"プロセス"のなかでの実施といえるでしょう。

これに対して、事例研究では支援者が事例のなかで抱えた疑問に対

| 表 2-2 | 事例検討と事例研究の特徴 |

	事例検討	事例研究
目的	・課題解決の方法の検討 ・参加者の実践力向上	・新たな知見の獲得、疑問に対する答えの探求 ・「良い実践」の情報発信
用いる事例	・現在進行形事例、終了事例（いずれも可）	・発表する事象について区切りがついている事例
テーマ	・発表者が事前に設定 ※検討会中の変更も可能	・発表者が厳密に設定 ※発表時の変更は不可
結論	・検討会において、参加者全員で検討 ※結論が得られなくてもよい	・発表者が結論を準備して発表する
発表の場	・事例検討会	・学会や職能団体の大会
作成物	・事例検討シート	・抄録、発表資料、論文
発表時間とプロセス	・1～2時間程度（1事例） ・事例理解と解決策の検討	・15～30分程度（1演題） ・発表と質疑応答
参加者の役割	・司会進行係　・記録係 ・発表者（事例提供者） ・一般参加者（スーパーバイザー）	・座長　・司会 ・発表者（研究者） ・聴講者

して試行錯誤してきた実践を振り返り、その事例に隠されていた／込められていた意味を考察したうえで、その考察結果を学会で発表することになります。つまり、学会等における事例研究の発表は、基本的には支援プロセスのなかでの実施ではなく、支援に一区切りがついた後に実施されるものです。端的にまとめれば、事例研究では発表者（研究者）が実践してきた「支援の方法（良い実践）」やそこに込められた「意味」を整理して、情報発信していく取り組みといえるでしょう。

図2-1 事例検討と事例研究の目的の違い

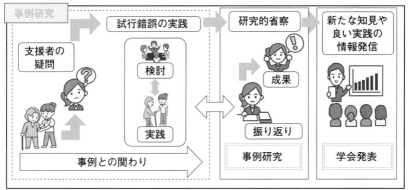

2 事例検討と事例研究の共通項と関係性

　それでは、事例検討と事例研究にはどのような共通項があるので
しょうか。それは、どちらも「支援者の疑問」を出発点としているこ
とです（ただし事例研究における「支援者の疑問」は、支援をしてい
る最中には自覚されていない場合も少なくありません）。

　この「支援者の疑問」に対して参加者の力を借りて皆で検討するの
が事例検討であり、「支援者の疑問」に対して試行錯誤しながら実践

してきた事例を振り返るのが事例研究になります。ただし、事例研究も発表者（研究者）が一人で取り組まなければならないわけではありません。同僚や支援チームのメンバーと協力して事例研究に取り組む場合もあり、これを共同研究といったり研究チームによる実施といったりします。あるいは、一人で事例研究に取り組んでいる場合にも、さまざまな人から協力を得ることは頻繁に行われます。

　その意味において、事例研究の対象となった事例への支援経過のな

図 2-2 事例検討と事例研究の関係性

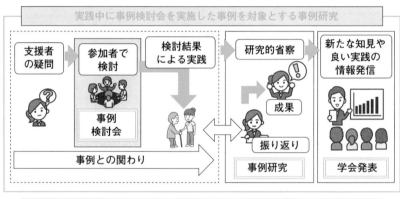

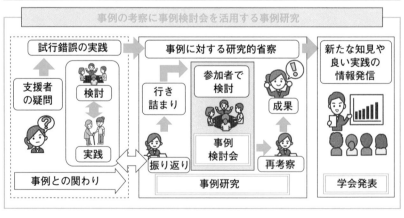

かで事例検討会が実施されていたり、事例研究として行っている考察に事例検討会を活用したりすることもあります（**図２−２**）。

3 事例検討会での発表と学会での事例研究発表のプロセス

現場で相談援助職として人々の支援に携わっていれば、必ずいろいろな "疑問" を抱えます。これは相談援助職であれば当たり前のことであり、疑問が解消されないままでいると、不適切・不十分な実践や支援者のバーンアウト（燃え尽き）につながる危険性があります。

つまり、支援において疑問を抱えたときこそ、いろいろな人の力を借りるべく事例検討会の発表者になったり、学会発表をするような事例が生まれるチャンスです！　では、事例検討会での発表か学会で事例研究発表、どちらを行えばよいのでしょうか。

事例検討会での発表と学会での事例研究発表のプロセスを比較すると、事例検討会で発表すべきか、事例研究を行い学会で発表すべきか、どのように選択すればよいかがみえてきます。それぞれのプロセスを比較しながら確認してみましょう（**図２−３**）。

①現在進行形事例において疑問を抱えた場合

現在支援を行っている事例において疑問が生じた場合、この時点ではまだ事例研究を行うことはできません。事例検討会で発表するか、事例研究に向けて試行錯誤の実践を行うかです。その際、先ほども確認したとおり事例検討会で発表したうえで、試行錯誤の実践を行うこともあります。そして試行錯誤の実践で一定の成果が出た後に、ようやくその事例を振り返って事例研究を行うことができるようになります（**図２−４**）。

図 2-3 事例検討会の発表と事例研究の学会発表の各プロセス

事例検討会の発表

支援事例における疑問

発表する事例検討会の決定
確認事項
・検討会の日程・時間・場所
・事例検討シートの様式
・事例検討シート提出期日
・事例検討シートの提出先

事例の書き出し

事例検討シートの作成・修正 ⇔ 司会による事例検討シート確認

事例検討会における発表
・報告　・質疑応答　・議論

学会での事例研究発表

支援事例における疑問

試行錯誤の実践

発表する学会等の決定（決意）
確認事項
・学会の日程　・時間　・場所
・発表時間　・方法　・提出物
・抄録様式　・提出期日　・提出先

研究発表テーマの設定

事例を抽出して論文を作成

抄録の作成・提出

発表資料作成と発表準備

学会での発表と質疑応答

図 2-4 現在進行形事例において疑問を抱えた場合の選択

現在支援を行っている事例における疑問の発生

事例検討会での発表

多くの人の意見を聞きたい場合は事例検討会での発表がお勧め

試行錯誤の実践

事例研究

学会発表

②終了事例に関して疑問が解消されずに残っている場合

すでに支援に一区切りついている事例に関して疑問が解消されずに残っている場合、事例検討会での発表と学会での事例研究発表のいずれも行うことができます。自分一人で振り返ることが難しい場合、また学会に参加したことがない場合には、事例検討会で発表するほうがよいでしょう。事例を自身で深く振り返ってみたい場合、また学会に参加して事例研究発表を聞いたことがある場合には、事例研究を行い、学会等での発表にチャレンジすることをお勧めします。その際、事例研究の考察に行き詰まったら、その事例を用いて事例検討会で発表し、参加者と一緒に検討することが有意義であることを覚えておきましょう（**図2-5**）。

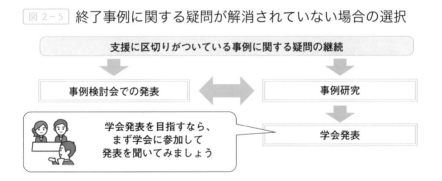

図 2-5 終了事例に関する疑問が解消されていない場合の選択

今まで確認してきたとおり、事例検討会で発表者になることと、事例研究に取り組み学会で発表することとは相互補完的であり、密接に関連していることがわかります。また両者は実践的な意味において関連しているだけではありません。実施する場合の準備としても、多くの共通項を挙げることができます（**表2-3**）。

表 2-3	事例検討会と学会発表のプロセスの共通項	
	事例検討会での発表	学会での事例研究発表
事例抽出	提供事例を抽出する	研究事例を抽出する
テーマ設定	検討するテーマの決定	研究するテーマの決定
事例の書き出し	発表事例の書き出し	研究事例の書き出し
書類の作成	事例検討シート作成	論文・抄録の作成

　このように、事例検討会での発表も、学会での事例研究発表も、「事例を抽出すること」「テーマを決定すること」「事例を書き出すこと」、そして「必要な書類を作成すること」に取り組まなければならないことがわかります。もちろん、現在進行形事例において疑問が生じている場合には、改めて「どの事例を提供しよう？」などと考えるまでもなく、提供事例は決定しています。

　そして両者におけるもっとも重要な共通項は"事例の書き出し"です。相談援助職に就いている方であれば、第1部でも確認したとおりさまざまな支援記録を作成しているため、事例の書き出しには慣れているかもしれません。ただし、事例検討と事例研究の両方において、自分自身が改めて理解を深め、また他者にも齟齬なく伝わるように事例を書き出すことは極めて重要です。むしろ的確に事例を書き出していくなかで事例を客観視し、自分自身の支援を内省的に振り返る作業自体が、事例検討や事例研究を行う目的の1つともいえるでしょう。

　事例研究に取り組み、学会発表に挑戦する場合に必要な研究方法への理解や必要書類の作成方法については第3部以降で詳しく説明しますので、ここでは事例検討会での発表者に向けた事例の書き方の基本とポイントについて確認していきます。なおこの事例の書き方は、事例研究の最初のステップである事例の書き出しでも用いるものであることを付け加えておきます。

3 事例の書き方の基本

　事例研究会の発表者となる場合、事例検討会の参加者に配布するために事例を書き出す必要があります。事例検討会によって、定められている事例検討シートの様式や提出事例に関して記述すべき項目は異なるのですが、どのような事例検討シート様式、記述項目であっても、事例の書き方の基本は共通しています。ここでは、事例の書き方の基本となる、「1 客観的事実と考察の区別」「2 客観的事実の情報源の記載」「3 考察の根拠の明記」、そして「4 相談援助職の倫理に基づいた表現」の４点を確認していきます。

1 客観的事実と考察の区別

　まず事例の書き方の基本として、客観的事実と考察を区別することが挙げられます。客観的事実とは、発表者だけでなく周囲の誰から捉えても変わりのない事実です。これに対して考察とは、発表者自身の考えになりますが、単なる感想ではなく根拠に基づいた考えでなければいけません。その際、根拠をもって考察しているつもりでも、別の根拠に基づけば考察は変わること、また同じ根拠に基づきながらも別の考察も可能であることを理解しておきましょう（**表2－4**）。

表2-4 客観的事実と考察の区別

客観的事実	発表者の解釈ではなく誰がみても共通の出来事
考察	さまざまな情報に基づいた発表者自身の考え（根拠がある）

つまり、この客観的事実と考察をしっかりと区別して事例を書かなければ、それを読んだ事例検討会の参加者に誤った理解を与えてしまいかねません。以下の**例２－１－１**にある介護支援専門員による記録を読んでみましょう。

> **例** 2-1-1　客観的事実と考察が区別されていない書き方（修正前）
>
> 　80歳、男性のＢさんは、本人からの申請で要介護認定審査を受け、要介護１と認定された。１人で住んでいる賃貸アパートは部屋にお風呂がないためデイサービス（以下、DS）を週１回利用して入浴している。入浴の機会は DS に行く日だけなので、利用回数の増加を勧めたところ、<u>経済的な理由から週１回の利用から変更していない。</u>

　読んでみるとそんなに問題ない記録に感じるかもしれません。ただし、これは客観的事実と考察とを区別しないで書いてしまった事例です。しっかりと区別するとどのような文章になるでしょうか（**例２－１－２**）。

> **例** 2-1-2　客観的事実と考察を区別した書き方（修正後）
>
> 　80歳、男性のＢさんは、本人からの申請で要介護認定審査を受け、要介護１と認定された。１人で住んでいる賃貸アパートは部屋にお風呂がないためデイサービス（以下、DS）を週１回利用して入浴している。入浴の機会は DS に行く日だけなので、利用回数の増加を勧めたところ、週１回の利用は変更しないことになった。<u>理由は聞いていないが、年金月14万円であるため経済的な理由が考えられる。</u>

実は、先の例にあったデイサービスを週1回の利用から変更していない「経済的な理由」は考察でした。しかし修正前の書き方だと、あたかもBさん自身が経済的な理由から利用増加を望んでいないように理解できてしまいます。事例検討会の際に参加者がこの点を確認してくれれば、「この『経済的な理由から』っていうのは、私の考察です」と修正の説明をすることができますが、参加者全員が当たり前のように客観的事実と理解して質問しなければ、ここは誤解に基づいて検討が進んでしまうことになります。もしかすると、デイサービスの利用増加を希望しない理由に、事例理解の鍵がある可能性もゼロではありませんので、これは大変もったいないことです。

事例を書き出していくときには、それが客観的事実なのか考察なのか、常に確認しながら、両者を区別して書くようにしましょう。また、このように客観的事実か考察かを意識的に区別することで、今まで客観的事実だと思い込んでいた情報が、自身の考察であったことに気づき、事例理解を深めることにつながる場合もあります。このように振り返りのなかで事例理解を深めることも、事例を書き出すことの大きな目的の1つです。

Point

事例の書き方の基本　まとめ①（客観的事実と考察の区別）

▶ 客観的事実と考察を区別して書きましょう。
▶ 事例を書くときに客観的事実と考察を区別するなかで事例への理解を深めていくことも、事例を書く目的の1つです。

２ 客観的事実の情報源の記載

客観的事実を書く場合には、その情報源も記載することが重要です。この情報源とは、誰かの考えや感情等の主観的情報と皆が共通し

て確認できる客観的情報という主観的情報・客観的情報の区別、そして自分自身が見聞きした情報と誰かが見聞きしたことを他者から聞いた情報という1次情報・2次情報の区別で整理することができます（**表2-5**）。

表 2-5 **客観的事実の情報源の区別**

主観的情報と 客観的情報の区別	主観的情報	誰かの主観的な考え、意見、感覚等
	客観的情報	皆が共通して確認できる出来事
1次情報と 2次情報の区別	1次情報	自分が直接見聞きした情報
	2次情報	他者が見聞きしたことを聞いた情報

　客観的事実として一括りに考えがちですが、これらもしっかりと区別して記載しなければ、読み手に誤解を与える事例になってしまいます。ここでも例を挙げて確認してみましょう（**例2-2-1**）。

例 2-2-1 **客観的事実の情報源が区別されていない書き方（修正前）**

　80歳、男性のBさんは、本人からの申請で要介護認定審査を受け、要介護1と認定された。1人で住んでいる賃貸アパートは部屋にお風呂がないためデイサービス（以下、DS）を週1回利用して入浴している。入浴の機会はDSに行く日だけなので、<u>利用回数の増加を勧めたところ、週1回の利用は変更しないことになった。理由は聞いていないが、</u>年金月14万円であるため経済的な理由が考えられる。

　先ほどの修正後の記録ですが、何が問題なのか一見してわかりません。客観的事実の情報源を区別するとどうなるのでしょうか（**例2-2-2**）。

　80歳、男性のBさんは、本人からの申請で要介護認定審査を受け、要介護1と認定された。1人で住んでいる賃貸アパートは部屋にお風呂がないためデイサービス（以下、DS）を週1回利用して入浴している。入浴の機会はDSに行く日だけのため、DSの相談員が利用回数の増加を何度か勧めたところ、毎回「週1回の利用がよい」と答えたということを相談員から聞いた。Bさんに週1回利用を希望する理由は聞いていないが、年金月14万円であるため経済的な理由が考えられる。

　ここでも、デイサービスの利用回数の増加を提案したのは記録を書いている介護支援専門員ではなく、デイサービスの相談員であることがわかりました。こうなると、いろいろな疑問が浮かんできます。「なぜ担当ケアマネからはデイサービスの回数増加は提案しなかったのか？」「相談員はBさんが週1回利用を希望する理由は聞いているのか？」「なぜケアマネはBさんに週1回利用を希望する理由を聞いていないのか？」等々。

　しかし、客観的事実の情報源を区別して記載していなければ、事例検討会の参加者がこのような疑問を抱くことなく、事例検討会が進んでしまうかもしれません。介護支援専門員ではなくデイサービスの相談員が利用回数増加を勧めるような三者の関係性にこそ、事例を読み解く鍵がある可能性も十分あり得るので、これももったいないことです。

　また、修正前と修正後を比較してみると、客観的事実の情報源の区別が不足する文章においては、客観的事実として6W1Hが不足していることが読み取れます。つまりWho（誰が）、Whom（誰に・誰を）、What（何を）、When（いつ）、Where（どこで）、Why（なぜ）、

How（どのように）したのか、に関する記述が不十分であれば、客観的事実の情報源が区別されない文章になりやすいのです。特に日本語は"主語"つまり「誰が（Who)」が抜けやすい言語であるため、客観的事実の情報源の記載も抜けやすい傾向にあることを覚えておきましょう（詳細は11 ～ 13ページ参照）。

　さらに、主観的情報・客観的情報の区別と１次情報・２次情報の区別を組み合わせると、客観的事実にもさまざまな情報があることがわかります（**表２－６**）。

（詳細は11 ～ 13ページ参照）

表 2-6 主観的情報・客観的情報と１次情報・２次情報の組み合わせ

	1 次情報	2 次情報
主観的情報	ある人の考えや意見を自分が直接聞いた情報	ある人の考えや意見を第３者から聞いた情報（自分は直接聞いていない）
客観的情報	実際に生じた出来事を自分が直接見聞きした情報	出来事についてそれを見聞きした人から教えてもらった情報（自分は直接見聞きしていない）

　このように整理すると、主観的情報、客観的情報、どちらにしても２次情報の場合には情報としての確からしさが不十分であることがわかります。また、２次情報と思っていたものが実は２次情報ではなく、教えてくれた人自身も他者から聞いたという３次情報、４次情報である可能性もあります。事例を書き出すときには、客観的事実に関してどのような情報源に基づく情報なのか確認することで、事例に対する理解を深めていくことができます。

　例えば、ずっと認知症があると理解していた高齢者が、実は医師の診断を受けておらず、家族が「認知症」と言っていたのをそのまま理

解してしまっていた、というように支援者自身が思い込んでしまっていることもあり得ます。このように、客観的事実も情報源を確認するなかで、根拠が不十分な情報に気づくことも事例を書き出すことの大きな意義に含まれることを覚えておきましょう。

> **Point**
>
> 事例の書き方の基本　まとめ②(客観的事実の書き方)
>
> › 客観的事実は情報源も記載・区別しましょう。
> › 客観的事実について６Ｗ１Ｈの記述が不十分になっていないか確認しましょう。
> › 客観的事実の情報源を区別することで情報としての確からしさを確認し、事例に対する理解を深めましょう。
> › 客観的事実の情報源を確認し、根拠が不十分な情報に気づくことも事例を書き出す意義の１つです。

3 考察の根拠の明記

考察を記述するときのポイントは２つあります。１つは、それが自分の考察であることをわかるように記述すること。そしてもう１つは、なぜそのように考えたのか根拠を明記することです。

１つ目の、自分の考察であることをわかるように記述する方法は、文末に「～と考える」「～と考えられる」「～と考察する」等の自分が考えたことを示す表現を用いることです。この際、「～と思う」「～と感じる」は考察ではなく感想や感覚になるので注意しましょう。考察は根拠があるもの、感想・感覚は根拠なくただ思ったこと・感じたことです。また、「～だった」「～である」という断定的な表現は客観的事実を表すものであり、考察である文章に用いてはいけません（**表２－７**）。

| 表 2-7 | 文末表現による考察、感想・感覚、客観的事実の書き分け |

考察を示す表現 （根拠が必要）	〜と考える、〜と考えた、〜と考えられる、〜と考察する、 〜と考察した、〜と推察する、〜と推察した、〜といえる 　　　　　　　　　　　　　　　　　　　　　　　　　など
感想・感覚を示す表現 （根拠がない）	〜と思った、〜と思う、〜と感じる、〜と感じた 　　　　　　　　　　　　　　　　　　　　　　　　　など
客観的事実を示す表現	〜だった、〜である、〜だ　　などの断定表現

　2つ目の、考察を書く際の根拠の明記は、事例を書くときにとても重要です。いくつかの理由がありますが、1つは根拠を記載することで、書き手自身がちゃんと根拠に基づいた考察だったのか、根拠不十分な感想や思い込みだったのかを明確化できることが挙げられます。そしてもう1つには、事例検討会の参加者にも根拠を提示することで、考察の妥当性を検討したり、参加者が他に考慮すべき情報を提案してくれたりすることで、事例検討会における議論の活発化を期待できることがあります。

　それでは、考察の根拠を明記することの重要性を、**例2-3-1**から確認してみましょう。

例 2-3-1　考察の根拠が十分に記載されていない書き方（修正前）

　80歳、男性のBさんは、本人からの申請で要介護認定審査を受け、要介護1と認定された。1人で住んでいる賃貸アパートは部屋にお風呂がないためデイサービス（以下、DS）を週1回利用して入浴している。入浴の機会はDSに行く日だけのため、DSの相談員が利用回数の増加を何度か勧めたところ、毎回「週1回の利用がよい」と答えたということを相談員から聞いた。Bさんに週1回利用を希望する理由は聞いていないが、年金月14万円であるため経済的な理由が考えられる。

これも、先の修正後の記録ですが、「年金月14万円である」という考察の根拠は記載されています。それでは、他の根拠も明記することで、考察の妥当性がどのように変化するのか、他にどのような情報が見えてくるのか確認してみましょう（**例2−3−2**）。

> **例** 2-3-2 考察の根拠を十分に明記した書き方（修正後）
>
> 　80歳、男性のＢさんは、本人からの申請で要介護認定審査を受け、要介護１と認定された。１人で住んでいる賃貸アパートは部屋にお風呂がないためデイサービス（以下、DS）を週１回利用して入浴している。入浴の機会はDSに行く日だけのため、DSの相談員が利用回数の増加を何度か勧めたところ、毎回「週１回の利用がよい」と答えたということを相談員から聞いた。Ｂさんに週１回利用を希望する理由は聞いていないが、<u>年金月14万円であり、お酒やたばこをよく嗜むこと（毎回部屋にビールの空き缶と大量の吸い殻がある）、以前医師から節制を勧められたとき「酒とたばこをやめるくらいなら不健康でいい」とＢさんが発言したことから</u>、経済的な理由が考えられる。

考察の根拠に、１次情報としてＢさんのお酒・たばこ好きであることを確認していること、生活費においてもそれらの優先度が高そうであることが付け加えられました。男性高齢者の１人暮らしで月14万円の年金があれば、デイサービスを週２回に増やすことが経済的にそれほど難しいこととは考えにくい、つまり考察の妥当性は低いと判断されてしまう可能性があります。しかし、根拠となる情報が増えたことで、単にデイサービスの利用料を払うことが厳しい経済状況にあるのではなく、優先度が高い酒やたばこが経済状況を圧迫しているという意味が「経済的な理由」に付け加えられました。これにより考察の

妥当性が高まると同時に、事例検討会参加者の事例理解をさらに深めることが期待できます。

　前項までは、事例の書き方が不適切・不十分であれば、事例検討会の参加者が事例の重要なポイントに気づけない可能性があることを説明しました。この例からは、事例の書き方が適切であることで、参加者の事例への理解を促進し、事例検討会をスムーズに進められることがわかったと思います。限られた時間で十分に議論を深め、またスムーズに検討を進めていくためには、事例の書き方がとても重要であることが確認できたのではないでしょうか。

　ちなみに考察の根拠となる情報として、以下のようなものがあります（**表2−8**）。

表 2-8 **考察の根拠となる情報（一例）**

・ **本人や家族のこれまでの発言**（１次・２次情報含む）
・ **本人や家族の非言語表現**：表情・声のトーン・仕草など
・ **本人や家族の社会環境**：住環境・経済状況・家族関係など

　また、考察とその根拠を記述する際には、それぞれが考察と根拠であることを読み手に伝わるように書くことが重要です。考察であることを示す文末表現は**表2−7**のとおりですが、根拠は考察の前に書くパターンと後に書くパターンがそれぞれあります（**表2−9**）。

　事例を振り返り、まずはその情報が客観的事実なのか考察なのかを確認します。そして考察だった場合に根拠を十分書けないならば、考察としての妥当性が低い（つまり考察ではなく感想や感覚である）可能性や、自分も見落としている他の根拠となる情報がある可能性などがあります。そのような振り返り作業をしっかりと行うことで、現状

表2-9	考察の根拠を記す方法（例）
考察前に書く パターン	・○○（根拠）から、〜〜と考えた（考察）。 ・本人の状況として○○や□□や△△がある（根拠）。 　これらから、〜〜と考察した（考察）。
考察後に書く パターン	・〜〜と考えられる（考察）。その理由として○○や□□という状況（根拠）があったからだ。 ・〜〜と考察した（考察）。なぜなら、□□や△△が挙げられるからだ（根拠）。

の事例理解を客観視し、事例への理解をさらに深めていくことができるでしょう。

> **Point**
>
> **事例の書き方の基本　まとめ③（考察の書き方）**
>
> ▷ 考察の記述には、それが考察だとわかる文末表現を使います。
> ▷ 考察の前後にはその根拠を明記しましょう。
> ▷ 根拠があまり書けないときは、考察の妥当性が低いか、見落としている根拠となる情報がある可能性があります。
> ▷ 事例の書き方が適切だと、読み手の事例理解を深め、事例検討会での議論をスムーズに進めることが可能になります。

4　相談援助職の倫理に基づいた表現

　これまで確認してきた事例の書き方のポイントは、ある意味で"文章の書き方"としての基本でもありました。事例の書き方の基本として最後に押さえておかなければならないのが、"相談援助職の倫理"に基づいた表現を用いるということです。

　相談援助職といっても、介護支援専門員、保健師、社会福祉士などさまざまな専門職があり、それぞれに倫理綱領があります。第1部で

も述べたように、ここで"相談援助職の倫理"に基づいた表現が意味することは、利用者や家族の尊厳を守る表現であること、アカウンタビリティ（説明責任）を果たせる表現であること、そして守秘義務・プライバシー保護を徹底した表現であることの3点であり、またこれらの3点は相互に関連しています。

　相談援助職であれば、所持資格に関わらず利用者やその家族の尊厳を守ることは共通する倫理です。それは、普段の支援においてのみ求められることではなく、関わっている利用者等に関して事例を書き出すときにも求められる姿勢であることを意識しなければいけません。またアカウンタビリティは実施する支援について利用者に説明する責任となります。事例を書く場合は、記述した事例をもし利用者が見たとしても、説明できる内容で記載されていることを意味します。見ないからいいだろう、という安直な考えは絶対に避けなければいけません。そして守秘義務・プライバシー保護はそのままの意味です。より良い支援のためだとしても、業務上知り得た情報については常に守秘義務とプライバシー保護の観点をもって取り扱わなければならないことを再確認しましょう。

　それでは、どのような文章表現であれば、利用者や家族の尊厳を保ち、アカウンタビリティを果たし、また守秘義務・プライバシー保護を徹底することができるのでしょうか。そのポイントとして、以下のようなものが挙げられます（**表2－10**）。

| 表 2-10 | 利用者や家族の尊厳を守るための文章表現のポイント |

- 自分の個人的な価値観に基づいた表現をしない。
- 不確かな情報、根拠の不十分な情報を記載しない。
- 専門職を主体とした表現をしない。
- 差別的な表現、誹謗中傷するような表現をしない。
- 利用者や家族が特定される情報を記載しない（匿名化する）。
- 利用者や家族の個人情報のうち支援に関係のないことを記載しない。

①自分の個人的な価値観に基づいた表現をしない

　相談援助職として利用者や家族に関わっているときは、その専門職の価値・倫理に基づいた行動が求められます。それは、支援現場ではない事例検討会においても同様であり、事例検討会に提出する事例も、個人的な価値観に基づく表現は避けなければいけません。例えば、「わがままな利用者」や「クレーマー家族」など、自分の価値観から利用者や家族にレッテルを貼るような表現、「利用者が自己決定しようとしない」や「家族が介護の役割を果たそうとしない」など、自分の価値観に基づいて利用者や家族を非難するような表現があります。

　このような表現の背景には、書き手である専門職が、利用者や家族を受容していない、自分の感情をコントロールできていない、利用者や家族を審判的に捉えているなど、相談援助職として不適切な関わりをしている可能性があります。普段の相談援助職としての姿勢が、事例を書くときにも影響してくるので、普段の援助姿勢を振り返ることも、事例を書くことの意義の１つといえるでしょう。

②不確かな情報、根拠の不十分な情報を記載しない

　これまで説明してきたとおり、事例に書くことには客観的事実と考察とがあり、客観的事実は情報源によって確からしさが異なること、考察は根拠によって妥当性が変動することを意識しておかなければいけません。この確認が不十分なまま事例を書いてしまうと、不確かな情報があたかも事実のように受け取られてしまったり、根拠が不十分な考察が正確なものとして理解されてしまう危険性があります。

　これはつまり、事例検討会の参加者が誤った情報に基づいて利用者や家族を理解してしまうことを意味しています。例えば、認知症ではないのに認知症の前提で支援が考えられたり、虐待はないのに虐待があると判断されたりする可能性を示しており、これは利用者や家族の尊厳を傷つけるものです。

　このような事態を避けるためにも、事例を書き出すときには客観的事実と考察を区別し、客観的事実では情報源を、考察では根拠を精査することが求められます。つまり、前項で確認した「事例の書き方の基本」をしっかりと守ること自体が、相談援助職としての倫理に基づいた表現へとつながっていくことを覚えておいてください。

③専門職を主体とした表現をしない

　本人主体は相談援助職として共通の価値・倫理であり、利用者や家族の尊厳を保持することにつながります。それでは、専門職を主体とした表現とはどのようなものでしょうか。

　1つが、「〜させる（例：利用者に利用サービスを受けさせる）」という使役形を用いた表現です。サービスを受けることは当事者の権利であり、当然本人が主体となって受けるかどうかを決めるものです。しかし、上記のような表現をしてしまった場合、支援者側が主体となり、ともすれば利用者に対する強制や命令の意味をもってしまうた

め、利用者の尊厳を損なう表現となりかねません。

　もう1つが、「○○してあげる（例：話を聞いてあげる）」という立場の上下を暗示するような表現です。このような表現は受け手に「押しつけがましい」「上から目線で偉そう」と映ってしまいます。

　どちらも悪気なく、無意識に使っている可能性もありますが、むしろ意識的にこのような表現を避けることが、相談援助職の倫理として求められます。

④差別的な表現、誹謗中傷するような表現をしない

　これは当たり前ですが、当たり前だからこそ絶対に避けなければいけません。差別的な表現、誹謗中傷するような表現とあからさまにわかる用語を避けることはもちろんですが、知識が不十分であるために、ある言葉が差別的な意味合いをもつことを知らずに使ってしまうこともあり得ます。例えば、認知症はかつて痴呆と言われていましたが、痴呆という表現にスティグマ（ネガティブな意味のレッテル）が付与され、認知症という表現に改められました。もちろん痴呆という言葉を聞いても特に何も感じない人もいるかもしれませんが、ひどく傷ついた体験をもっている人もいる可能性があります。痴呆という用語を使った時に、このような意味をもつことを知らなかったという理由は専門職として認められませんので、気をつけましょう。

⑤利用者や家族が特定される情報を記載しない（匿名化する）

　事例検討会の参加者は、開催されているものによってさまざまです。しかし、サービス担当者会議のように、そこでの参加者が提供事例への支援にその後も関わるものではないため、匿名化する必要があります。その際、提供事例に関わりをもったことがある参加者であれ

ば、さまざまな情報から事例の登場人物を特定できる可能性があります。もちろん、どれだけ気をつけたとしても事例を特定できる人がいる可能性はありますが、匿名化の手続きが不十分であったために参加者の多くが事例の人物を特定できてしまった、という事態にならないためにも、事例を書き出すときには十分に匿名化を図るようにしましょう。

⑥利用者や家族の個人情報のうち支援に関係のないことを記載しない

　担当者として利用者や家族に関わっていれば、支援に関係あること・ないことを含めてさまざまな個人情報に触れることになります。確かに、ストレングス視点などを意識した場合には、どのような情報がより良い支援につながるか区別することは難しいのですが、それでも支援に関係のない情報は事例検討会に提出する事例に記載してはいけません。あくまでも事例検討会は利用者により良い支援を行うため、援助者の実践力を向上させるために開催されるものであり、参加者たちの個人的関心で事例の登場人物を詮索することは厳に慎む必要があります。

　これらの点に気をつけることで、相談援助職としての倫理に基づいた表現で事例を書くことができます。この作業は、事例を書くことだけでなく普段の自分の言葉遣いや考え方を見直す機会にもつながるものです。さらに、事例検討会で発表者になることは、検討事例について理解を深めるだけでなく、自身の普段の実践や姿勢を見直すことにもつながることを覚えておきましょう（**図2−6**）。

図2-6　相談援助職の倫理に基づいた表現

```
┌────────────────────────────┐
│   利用者・家族の尊厳の保持   │
└────────────────────────────┘
         ↓
┌──────────────────────────────────┐
│          避けるべき表現          │
│ ・自分の個人的な価値観に基づいた表現 │
│ ・不確かな情報、根拠の不十分な情報  │
│ ・専門職を主体とした表現          │
│ ・差別的な表現、誹謗中傷するような表現 │
│ ・利用者や家族が特定される情報     │
│ ・利用者や家族の支援に関係のない情報 │
└──────────────────────────────────┘
┌────────────────────┐  ┌──────────────────────────┐
│ 専門職としての説明責任 │  │ 守秘義務・プライバシー保護 │
└────────────────────┘  └──────────────────────────┘
```

　以上、事例の書き方の基本として、「客観的事実と考察の区別」「客観的事実の情報源の記載」「考察の根拠の明記」そして「相談援助職の倫理に基づいた表現」の4つを確認してきました。これらを踏まえた、事例の書き方の基本をまとめたものが**図2-7**です。

図2-7　基本に基づいた事例の書き方フローチャート

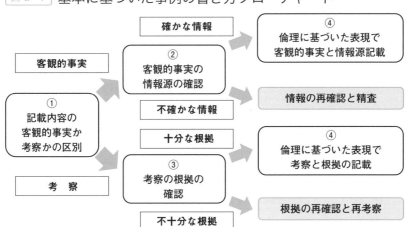

4 事例検討シートの書き方

　事例検討会で発表者となる場合、事例検討会が定めている事例検討シートへの提出事例の記入が求められます。また、決まった様式がない場合でも、概ねの項目は決まっているはずです。発表する事例検討会で事例検討シートの様式も決められた項目もない場合には、以下のような項目について事例を書き出しましょう（**表2−11**）。

| 表 2−11 | 事例を書き出すときの項目例 |

①**事例タイトルと事例提出理由**

②**利用者のアウトライン（性別、年齢、ADL・IADL 等）、主訴**

③**利用者の抱える疾病や問題状況（発表者の支援に関連するもの）**

④**利用者の生活歴、既往歴、家族状況（ジェノグラムを含む）、サービス利用状況、社会関係（エコマップ）など**

⑤**支援開始（インテーク面接）の経緯と状況**

⑥**これまでの支援経過、終結している場合は結果**

資料：佐藤雅昭ほか（2004）『流れがわかる学会発表・論文作成 how to ―症例報告、何をどうやって準備する？』メディカルレビュー社を一部改変

1 　事例検討シートの特性

　事例検討シートの書き方の前に、第1部で確認した10のポイントから事例検討シートの特性を確認しておきましょう（**表2−12**）。

表2-12 文書の書き方からみる事例検討シートの特性

文書の書き方のポイント	事例検討シート
① 文書の目的の確認	事例検討会参加者に「検討テーマ」と「事例の概要」を理解してもらうこと
② 誰が読むのか（読み手）の確認	事例検討会の参加者 →事例を知っている人とまったく知らない人の両者がいる
③ 6W1Hを踏まえた客観的事実の記述	参加者が事例を適切に理解するための記述 →記述の過不足に留意する。質疑応答で補足可能
④ 根拠を明示した記述	客観的事実では情報源を、考察では根拠を示す。 →根拠がない記述は「感想」として参加者に伝えることも可能
⑤ 簡潔な文で読みやすい記述（一文は短く・修飾語は使いすぎない）	長い文章を書く項目はあまりない →文章で記載する「事例提出理由」「支援開始の経緯と状況」「支援経過」では長すぎないように注意
⑥ 接続詞の効果的な活用	接続詞が必要な項目はあまりない →⑤同様の項目では接続詞を活用
⑦ 句読点の効果的な活用	句読点が必要な項目はあまりない →⑤同様の項目では句読点を活用
⑧ 段落の効果的な活用	段落が必要な項目はほとんどない →「支援経過」では段落を有効活用
⑨ 小見出しの活用	基本的に項目ごとに小見出しあり →項目内でさらにわかりやすくするために小見出しを活用
⑩ 箇条書きの活用	多くの項目で箇条書きが有効 →情報を端的にまとめる

　事例検討シートは項目が細かく設定されているため、文章の書き方として気をつけなければならない部分が少ないことがわかります。つ

まり事例検討シートの作成は、端的に記載する練習になり、また、項目立てや小見出しの付け方の勉強にもなります。

2 事例検討シートへの記入のポイント

　今回は、一般社団法人日本ケアマネジメント学会　認定ケアマネジャーの会が定めている様式「事例検討シート１」「事例検討シート２」を参考に、各項目における記入のポイントを確認します。

①事例タイトル

　事例タイトルは、事例検討会のテーマです。参加者と一緒に検討したいテーマを端的にまとめて記載しましょう。

②事例提出理由

　事例提出理由は、なぜその事例を選んだのかを書きます。つまり、発表者がもつ疑問について書くことになりますが、事例状況についても簡単に言及すると参加者により伝わりやすくなります。

③利用者の仮称、性別、年齢、世帯状況

　利用者の個人情報は匿名化します。仮称は利用者のイニシャルに関係なく、アルファベット１文字をＡから順に割り振りましょう。年齢は、〇歳代前半・後半で示し、年齢による特性を伝えつつ、特定情報を伏せます。世帯状況は何人世帯で誰と暮らしているか書きます。

④要介護認定〜利用者の保険等の情報

　それぞれ客観的事実として確かな情報を確認しながら記載しましょう。

表 2-13 事例検討シート 1

事例検討シート 1

事例提出者氏名	所属機関
	□居宅　□施設　□包括　□その他（　　　　　　　　　　　　　　　　　）

事例提供者の状況	介護支援専門員としての経験年数	介護支援専門員以外の保有資格	本事例の担当期間
	年　　か月		

[事例タイトル]

[事例提出理由]

【利用者情報】

利用者の仮称：		性別：	年齢：	世帯状況：
要介護認定				
障害高齢者の日常生活自立度				
認知症高齢者の日常生活自立度				

利用者の 保険等の情報	医療保険：	年金等：
	障害者手帳：	その他：

生活歴		[家族状況] ジェノグラム
病歴	[既往歴]	[現病歴]

[ADL] 移動： 食事： 排泄： 入浴： 更衣： その他：	[IADL] 炊事・洗濯：　　　　　掃除： 服薬管理： 金銭管理： 外出： 電話：

[利用しているサービス]

[利用者・家族の意向および援助の目標]

本人：

家族：

援助目標：

資料：一般社団法人日本ケアマネジメント学会　認定ケアマネジャーの会様式　シート No.3（一部改変）

⑤生活歴、家族状況

生活歴は情報源に留意して記載します。多くの部分が主観的情報であることを意識して、情報源を確認しながら記載しましょう。

⑥病歴

病歴は、医師の診断による信頼性の高い情報と、本人や家族による主観的情報があります。改めて情報源を確認しましょう。

⑦ＡＤＬ、ＩＡＤＬ

他の書類をそのまま写すのではなく、何ができて何にどのような介助が必要なのか、具体的に記載します。

⑧利用しているサービス

最新の情報を確認して記載します。細かな利用状況まで記載する必要はありません。

⑨利用者・家族の意向と援助目標

利用者・家族の意向は、１次情報と２次情報の区別を意識して記載するようにしましょう。本人の意向を家族が代弁している場合、家族の代弁による意向であることまで記載することが重要です。

援助目標は、設定時期と発表時に時間的な差が大きい場合は設定に日時も記載するとよいでしょう。

⑩インテーク、支援概要

インテークと支援概要は支援記録の要約です。これまで確認してきた文書作成のポイントを踏まえて書きます。書いた後には、他の人にも読んでもらい、どの程度伝わるか確認してみましょう。

⑪追加情報

　本様式では追加情報という項目ですが、「その他」等の項目の場合もあります。このような項目には、これまで記入していない情報のうち、事例検討に役立つと考えられるものを記入しましょう。箇条書きにしたり、小見出しを付けて整理すると見やすくなります。

　以上、事例検討シートを書く際のポイントを確認しました。ただし、いくらポイントを勉強しても、いざ書いてみると難しいこともあります。うまく書けるようになるには、書く経験をもつことが必要不可欠です（38 〜 42ページ参照）。あまり考えすぎず、「とりあえずやってみよう！」というチャレンジ精神をもって取り組んでみましょう。

表 2 − 14　事例検討シート２

事例検討シート２

提出者氏名　（　　　　　　　）

【インテーク】

年月日	年　　月　　日	来談者		方法	

【支援を開始した経緯】

　

［主訴（相談内容）］
本人：
家族：

【支援概要】

○月○日：
○月○日：
○月○日：
○月○日：
○月○日：

【追加情報】

・
・

資料：一般社団法人日本ケアマネジメント学会　認定ケアマネジャーの会様式　シート No.4（一部改変）

事例を書く際の
倫理的配慮

　事例の書き方の基本として、相談援助職としての倫理に基づいた表現を用いることを説明しました。さらに事例を書く際の倫理的配慮として、以下の点があります（**表2−15**）。

表 2−15　事例を書く際の倫理的配慮

- ・相談援助職としての倫理に基づいた表現を用いる。
- ・最後に誤字、脱字、変換ミスがないか見直す。
- ・最後に誤った情報や根拠が不十分な情報がないか見直す。
- ・最後に個人的な価値観に基づいた表現、差別や誹謗中傷につながる表現、専門職を主体とした表現を用いていないか見直す。
- ・最後に匿名化と守秘義務に反する情報が含まれていないか見直す。
- ・匿名化が難しい場合、本人に事例検討会で用いることの承諾を得る。

　つまり、事例を書く際の倫理的配慮は、大きく分けて、「**1**書き進めるときに必要な配慮」「**2**書いた後に必要な配慮」そして「**3**匿名化が難しい場合の対応」の3つに整理できます。

1　書き進めるときに必要な配慮

　書き進めるときに必要な倫理的配慮は、前項で説明した相談援助職としての倫理に基づいた表現を用いることです。それには、客観的事実と考察を区別して書くこと、客観的事実に情報源を記載すること、

考察に根拠を明記すること、という事例の書き方の基本を徹底することも含まれていますので、再度確認してください。

2　書いた後に必要な配慮

　書いた後に必要な倫理的配慮は、事例を見直し、必要に応じて加除修正を行うことです。見直すポイントは、まず文書として基本である誤字・脱字・変換ミスがないかどうかです。事例に対して敬意を払う意味において、また事例検討会への参加者に敬意を払う意味からも、この誤字・脱字・変換ミスの見直しは必要不可欠です。加えて、相談援助職としての倫理に基づいた表現になっているかどうかを見直しましょう。しかし、どうしても自分のチェックだけでは限界があります。多くの事例検討会は事前に司会進行係や主催者に事例を提出し、チェックを受ける仕組みになっているので、このチェックを活用することが重要です。

3　匿名化が難しい場合の対応

　提出事例の匿名化を行っても、事例検討会参加者が本人や事例の支援に携わっている場合などには匿名化が難しくなります。このような場合、事例検討会に事例を提出する前に、本人や家族に説明を行い、事例検討会で発表することについて同意を得ることが求められます。

6 事例発表の準備と実施

　事例を書き終えたら、事例検討会における発表に向けた準備と、当日の発表の実施が発表者には求められます。事例検討会での発表に向けた準備と当日の発表のポイントについて、発表者に焦点を当てて説明していきます。

1 事例検討会に向けた発表者の準備

　事例検討会に向けて発表者が行う準備の多くは、検討事例に関する資料の作成と確認です。事例検討会において、検討事例に関する資料としては「①事例検討シート」「②発表者の手元資料」そして「③持ち出し不可資料」の3種類があります（**図2−8、表2−16**）。

図 2-8 事例検討会における検討事例に関する3つの資料

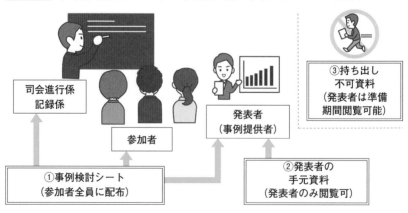

表 2−16	事例検討会における検討事例に関する３つの資料
①事例検討シート	・参加者全員に配布・閲覧可能
②発表者の手元資料	・所属機関より持参することの許可が得られた事例に関する資料 ・事例に関する情報を忘れないために発表者が作成したメモ（③の情報含む）　等
③持ち出し不可資料	・所属機関の規定として持ち出すことができない事業所保管の資料 ・発表者は準備期間中には閲覧可能

①事例検討シートの作成

　これまで確認してきたとおり、発表者は、参加者全員に配布する事例検討シートを作成します。これは事例検討会の基本となる重要な資料ですが、その作成を通して発表者自身が事例への理解を深めることも大切な準備であることを覚えておいてください。

②手元資料の作成と持ち出し不可資料の確認

　事例検討会では、参加者全員で事例の全体像を把握し、アセスメントで事例理解を深め、解決策を検討することに大きな意義があります。検討事例を多角的に理解するために、事例検討会全体を通して発表者と司会・参加者で質疑応答が行われます。

　発表者は、事例検討会に向けた準備として、質疑応答の質問を想定し、的確・スムーズに答えられるように「②発表者の手元資料」を揃えます。所属機関から許可が得られた場合は資料を持参することもありますが、情報を整理したメモを作成するほうが望ましいでしょう。このメモには、検討事例に関する重要な情報のうち事例検討シートに記入しきれなかったもの、「③持ち出し不可資料」に記載がある重要な情報を書いておきます。

なお、この手元資料の作成においても、発表者が事例への理解を深めることが期待できます。資料の確認・作成は事例検討会に向けて必要な準備ですが、最も重要な準備は、発表者が事例をより深く理解しておくことといえるでしょう。

③事例検討会当日に向けた発表練習

　事例検討シートが完成したら、発表練習をしましょう。事例検討シートをつくったから発表練習は不要、という考え方は危険です。事例検討会での発表は、参加者が事例の輪郭を理解できるように端的かつ的確に行うことが期待されています。事例検討シートを読み上げる方法では、時間がかかりすぎることと、情報過多で論点が散漫になる可能性があるため、発表練習をしておくことが必要です。その際、以下のような発表の流れを意識しておきましょう（**表2−17**）。

表2-17　事例検討会における事例概要説明の発表の流れ

---

　①自己紹介
　②事例タイトルと事例提出理由（検討したいテーマ）
　③事例の基本情報
　④支援の経過

　また、事例検討会によっては、事例検討シートを配布しない、事例概要の発表に長い時間をとるなど、その実施方法はさまざまです。そこで、事前準備として発表練習を行うにあたっては、事例検討会の司会進行係と以下の点について確認しておきましょう（**表2−18**）。

| 表 2-18 | 事例検討会での発表準備に向けた確認事項 |

- **事例検討シートの配布の有無**
- **事例概要報告の時間目安（10分程度が一般的）**
- **事例概要報告でどこまで詳しく事例の説明を行うか**

　確認した内容に基づいて発表練習を行いますが、事例検討シートのみでの発表が難しければ、発表用の手元資料（読み上げ原稿等）を作成するのも1つの手です。

　また、発表練習を通して、事例検討シートのわかりづらい部分を発見したり、事例について十分確認できていない情報に気づいたりすることもあります。その際に、事例検討シートの修正や事例情報の確認を行うことで、事例検討会に向けた準備が整っていきます。

　事例検討会の発表でここまで準備することについて「ちょっと大げさだな」と思われた方もいるかもしれません。確かに、定例で月1回開催されているような事例検討会では、ここまで入念な準備をする人は少ないでしょう。しかし本書では"事例研究の学会発表"を目標に、そのステップとしての意味合いも含めて事例検討会で発表者になる場合の準備と方法を説明しています。この点も踏まえて、理解してもらいたいと思います。

　以上のことをまとめると、事例検討会に向けた発表者の準備とは、事例に関する資料の確認、事例検討会で用いる資料の作成、事例検討会での発表練習の3つを相互に連関しながら行い、それらを通して事例への理解を深めていくことといえます（**図2-9**）。

図 2-9 事例検討会の発表に向けた準備（まとめ）

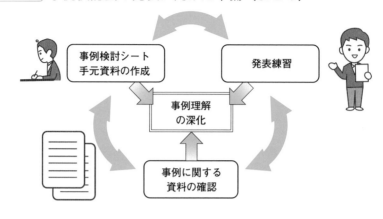

2　事例検討会での発表の実施

　事例検討会当日の発表者の重要な役割は、最初の事例概要の発表と、その後の参加者からの質問に対する応答です。いずれも司会進行係による進行のもと進められることになりますが、ここでは発表者に焦点を当ててその流れを説明していきます。

①事例概要の発表

　事例検討会は発表者による事例概要の発表から始まります。事前準備で事例検討シート配布の有無や報告時間の目安等は確認していますが、開始前に司会進行係と簡単な打ち合わせを行い再度確認します。

　実際の発表に向けて、以下のポイントを押さえておきましょう。

・ゆっくり発表する

　当日は焦らず、参加者全員に聞こえる声で発表することを意識しましょう。発表に慣れていないほど、本番では早口になってしまい

ます。一呼吸おいて、ゆっくり話しているくらいの感覚でちょうど
よいスピードになります。

・いろいろな情報を補足しない

　発表中に説明が不足している点に気づいても、慌てて補足しません。発表内容が前後すると、かえってわかりづらくなります。この場合、発表後の質疑応答も使って、事例の全体像を伝えます。

・専門用語を用いるときは慎重に

　事例検討会によってはさまざまな職種が参加しています。専門用語は職種によって異なる意味で使用している場合がありますので、慎重に使用しましょう（使う場合は意味を説明する等）。

②参加者との質疑応答

　発表が終われば参加者との質疑応答です。事例検討会を円滑に進行させ、深い検討をするための質疑応答に向けて、以下のポイントを押さえておきましょう。

・参加者に感謝の気持ちをもつ

　事例検討の参加者は、もちろん自分の勉強を目的としています。ただし、発表者が抱えている疑問について一緒に検討してくれているという側面も忘れてはいけません。質問一つひとつに謝意を伝える必要はありませんが、参加者への感謝の気持ちを忘れず質疑応答に臨みましょう。

・事例の書き方の基本を意識する

　質疑応答でも、事例の書き方の基本である「客観的事実と考察の区別」「客観的事実の情報源」「考察の根拠」を常に意識しましょう。これらを踏まえて質問に答えることができれば、参加者に誤解を与えることなく事例のアセスメントを深めることができます。

・事例への敬意を忘れずに

　これは、「相談援助職の倫理に基づいた表現」を徹底することです。ただし、普段不適切な表現を使っていると、事例検討会の場でもつい出てしまいます。普段から利用者や家族への敬意をもって、相談援助職の倫理に基づいた表現を使うように意識しましょう。

　また、事例検討会当日にはこの事例概要の発表と参加者との質疑応答に加えて、最後の評価において発表者がコメントすることが多くなります。この感想では、発表者であるあなたが感じたことを素直に述べましょう。その際に、事例検討会での検討結果はもちろんですが、発表に向けた準備を通して得た学びについても振り返ることができると良いでしょう。あとは事例の本人や家族、そして参加者全員への感謝と敬意をもって発表を終えてください。

column　表記を統一してわかりやすい事例作成を！

　文書や事例を書く際に年号や用語の“表記を統一すること”を意識していますか？　年号であれば2020年と令和2年は同じ意味です。また用語に関しても介護支援専門員とケアマネジャー、ケアマネ、CMなどの表記方法があります。居宅介護支援事業所の通称は居宅ですが、いきなり“居宅”だけ記載した場合、居宅介護支援事業所を意味するのか、それとも利用者の居宅（家）を意味するのかわかりません。参加者にわかりやすい事例を書くために、年号や用語の表記が統一されているか、是非一度見直してみましょう。

【参考文献】
・一般社団法人日本ケアマネジメント学会認定ケアマネジャーの会監修、白木裕子編（2019）『援助力を高める事例検討会―新人から主任ケアマネまで』中央法規出版
・渡部律子編著（2007）『基礎から学ぶ気づきの事例検討会―スーパーバイザーがいなくても実践力は高められる』中央法規出版

第 **3** 部

事例研究の
取り組み方

事例研究とは文字どおり、事例を研究することです。その意味をもう少し掘り下げると、「個人、集団、家族、地域社会などの多くの特性を、通常は一定期間にわたって体系的に検討する評価方法」[1)]、「解決すべき内容を含む事実について、その状況・原因・対策を明らかにするため、具体的な報告や記録を素材として研究していく方法」[2)] だといわれます。この研究方法は、福祉・介護の領域だけでなく、臨床心理、医学、看護、教育等の対人援助領域、あるいは経営・経済、政治・政策等のさまざまな領域で活用されています。

前述の２つの定義から、事例研究は以下のようなものだということが理解できます。

・事例とは、個人や家族、集団、地域社会などの援助の対象のことであり、そこには何らかの解決すべき問題を含む出来事のことである。
・研究の素材は、それらの対象に一定期間の間に起こったこと（問題とその変化、行われた援助とその結果）である。
・研究の焦点は、事例のもつ多くの特性を体系的に検討し、出来事の原因や対策を明らかにすることである。

例えば、要介護高齢者等への個別支援を主たる業務とする介護支援専門員では、その利用者への支援の経過や内容が事例になりますし、地域に働きかけて地域包括ケアシステムの構築を図ろうとする地域包括支援センターや市町村職員であれば、そうした地域住民・関係団体に働きかけていった経過や内容が事例となります。マクロレベルで考えると、コンピュータによる要介護認定というシステムを使って介護サービスの利用要件を決定している日本という国の取り組みもまた、国際的な事例といえるのです。このように、さまざまな事柄が研究すべき事例なのです。

1 事例研究の考え方

① 事例研究の必要性と重要性

　事例研究は、「研究」という以上、研究者が行うものと思われるかもしれません。しかし、相談援助職が自らの行っている実践について研究することも重要です。なぜなら、支援の現場で起こっていることは、そのすべてが何らかの理論によって説明されていることばかりではないからです。また、「経験的にこうすれば上手くいく」と考えて行っている方法が、すべての相談援助職の間で共有される「知」になっているわけではないからです。

　1つ、事例研究が実践に寄与するというエピソードを紹介します。

例 3-1　エピソード1

　ある特別養護老人ホームでの出来事です。認知症のあるＡさんが、食事の場面で、隣の席の利用者の食べ物を取って食べてしまう行動に対して、ケアワーカーが対処の仕方に困っていました。そこで、スタッフ間でケアカンファレンスを開催しました。

　最初、この行動は認知症が進行したことによるものではないかという分析がなされました。しかし、栄養士から「施設の食事は、あまり動かない高齢者に合わせてカロリーの量を抑えて献立を立てている。しかし、Ａさんは施設の中を歩き回っているから、もしかしたらカロリーの量が足りないのではないか」という仮説が提示されました。そこで、Ａさんに万歩計を付けてもらい、歩数から消費カロリーを計算してみると、摂取量より消費量のほ

うが多いことがわかりました。つまり、Ａさんは食事の量が足りずに空腹なので、他の利用者の食事まで食べてしまっていたということが考えられたのです。

　それがわかれば、今度は足りないカロリー量を補う方法を考える必要があります。ケアワーカーから「ご家族に連絡を取って、Ａさんが家でちょっと小腹が空いたときに食べていたお菓子など、好みのものを尋ねてみる」という提案がなされました。その結果、いくつかの好みのお菓子があることがわかりました。

　Ａさんは、お腹が減ってくるとスタッフステーションに入ってきて、スタッフが引き出しに入れているお菓子を探し出して食べるという行動もありました。従来は、Ａさんがステーションに入ってくるのを制止していたのですが、「ようこそ、Ａさん」と席を勧め、お茶を出して、好みのお菓子を数種類、お盆にならべて「今日はどれになさいます?」とＡさんに選んでもらい、そのお菓子を食べてちょっとした空腹を満たすように対応を修正することにしました。これによって、Ａさんが他の利用者の食事をとってしまう行動はなくなりました[3]。

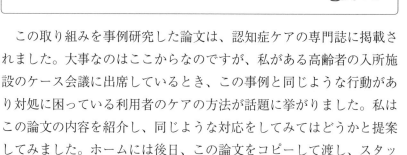

　この取り組みを事例研究した論文は、認知症ケアの専門誌に掲載されました。大事なのはここからなのですが、私がある高齢者の入所施設のケース会議に出席しているとき、この事例と同じような行動があり対処に困っている利用者のケアの方法が話題に挙がりました。私はこの論文の内容を紹介し、同じような対応をしてみてはどうかと提案してみました。ホームには後日、この論文をコピーして渡し、スタッフはそれを参考にしながらケアの内容を修正しました。その結果、その利用者の行動は軽減されたのでした。

　例えば、医学の世界では「困ったときには教科書を見なさい」とい
う言葉があるそうです。患者の診断や治療で困ったら、教科書に書か
れていることを再読してみることが、治療に役立つというのです。と
ころが、残念ながら福祉・介護の領域では「こういう問題にはこうす
ればよい」という定式化されたアセスメント・プランニングが、すべ
てエビデンスとして整理されているわけではありません。その一方で、
それぞれの現場実践家の工夫が、実は適切なアセスメント・プランニ
ングとなっているということは多いのです。しかし、それがすべての
実践家に共有されていないということが問題なのです。ですから、何
らかの工夫をして、それが有効に機能したとすれば、実践家は１事例
の事例研究であっても、それを実践研究として発表する、あるいは実
践レポートなり事例研究の論文として投稿してもらいたいのです。も
ちろん、文字化の作業は時間と労力がかかります。しかし、その実践
の工夫が、その発表を聞いた／レポート・論文を読んだ他の実践家の
役に立ち、それが利用者の役に立っていくのです。そうしたことを積
み重ねていくことが、業界全体の実践力を高めていくことにもつな
がっていくのです。

2　事例との向き合い方

　事例研究をする人と事例の関係性には、以下の３つがあります[4]。

①個性探求的な事例研究：事例と出会い、それを深く理解したいと
　思って事例を研究する。
②手段的な事例研究：ある問題に関する洞察を示すために事例を研究
　する。
③集合的な事例研究：現象や母集団や一般的状況を研究するために多

くの事例を集め、研究する。

①の形とは、ある利用者への支援について悩み、何らかの工夫をしたところ、利用者の問題は軽減していったので、この「上手く支援できた事例」について、どこがよかったのだろうか？　と考えるために、事例研究を行うというものです。つまり、事例との出会いが先にあり、後から研究を意図したものです（**例3−2**）。

例 3-2 エピソード2

　動脈瘤があり、その破裂を怖れて動かない生活を送り、肥満となっているBさんの担当となった介護支援専門員。初回面接時に「状態はよくなることはない」というBさんに、「よくなりますよ」と介護支援専門員が告げるとBさんは「そんなこと想像したこともなかった」と言いながらも、介護支援専門員の話に関心をもつようになり、生活状態が改善されていった。この体験について、なぜBさんは介護支援専門員との面接を通じて生活態度が変わっていったのかを事例研究した。分析方法としては、事例における介護支援専門員と利用者との会話を理性感情行動療法（Rational emotive behavior therapy：REBT）を用い、行った支援の有効性を考察した[5]。

---

②の形とは、ある利用者の支援について、援助者として意図的にある工夫（何らかの理論やアプローチを用いた対応）を行い、ねらいどおり利用者の問題は軽減したので、意図的に行った工夫がなぜ上手く機能したのかを説明するために、事例研究を行うというものです。事例との出会いは研究の前にあるのですが、その支援を意図的に工夫し、その効果や意義を考察しようとするところが特徴です（**例3−3**）。

> **例 3-3 エピソード3**
>
> 　嚥下障害が残る要介護状態の親を介護するCさんは、その症状を受け入れられず、不適切な介護を行っていた。さらに、ヘルパーを怒鳴りつけたりするので、ヘルパー側はCさんを「怖い人」と捉え、双方に関係が構築できない状況が生まれていた。これに対して介護支援専門員は解決志向アプローチの「例外探し」「コンプリメント」の技法を用いて支援を行い、その結果Cさんの介護力を補う体制が構築され、Cさん自身も「家族がやらないといけないんじゃないか」と前向きに介護に取り組むようになった。この実践に役立った解決志向アプローチの有用性について、事例研究を行った。分析方法としては、解決志向アプローチがなぜ、どのように有効に機能したかという観点からの事例の省察を行った[6]。

　③の形は、研究者の問題意識を整理し、研究テーマを設定し、その研究テーマに関連する経験を有する人（研究協力者）を探してインタビューを行い、そこから得られたデータを何らかの分析方法で分析することで、考察を行うというものです。この形は通常、自ら実践事例をもたない研究者が行うことが多いですが、もちろん実践家が用いてもかまいません（**例3-4**）。

> **例 3-4 エピソード4**
>
> 　1人暮らしの認知症高齢者が何らかの事情で転居をしなければならない状況に直面したとき、転居先の選定は本人の意向に沿ったものになるというよりも、別居家族の意向で決められてしまうことが多い。転居先は本人が望んでいないサービス付き高齢者住宅や施設となる。しかし、どうすれば本人の意向に沿うよう

な転居の支援ができるのかを明らかにしたいという研究テーマを設定した。データ収集は、本人の意向に沿う形での転居支援をしたことのある介護支援専門員へのインタビュー調査とし、その事例の支援プロセス、行ったこととその結果、工夫などをうかがった。そうして複数の実践事例が収集されたので、それらをデータとして修正版グラウンデッド・セオリー・アプローチを用いて分析、考察することで、1人暮らしの認知症高齢者の転居支援をどのように工夫すれば本人の意向に沿うような支援となるのかを明らかにしようとした[7]。

　実践家が事例研究をしようとする際には、この①②の形がやりやすいといえるでしょう。実践家として「上手く支援できた事例」があり、それを研究の対象としていくのです。そうすれば、「上手く支援できた事例」の背景にある視点、注意点、留意点、工夫等を明らかにすることができ、その実践例が包含している実践知を形式知に置き換え、それを私たちの共有財産とすることができるのです。

　事例にはさまざまな要素が含まれています。いずれにしても、それらを整理していくことは、実践の質の向上に役立っていくのです。

2 実践と研究の違い

では実践と研究はどこが違うのでしょうか。前節では、事例が先にある（実践家）か、研究テーマが先にあるか（研究者）の違いを説明しました。これは優劣の問題ではありません。しかし、われわれのような対人援助領域では、研究はそれを研究者が行う場合でも、実践家が行う場合であっても、最終的には利用者のために活かされるべきものです。その研究結果は実践家に役立てられ、その結果、利用者の問題解決が促進される、そのことを願って研究は行われるのです。

研究では、研究の結果を言葉にして、他者に伝える作業が必要になります。上手に他者に伝えることができれば、それはその伝えられた側にとって役立てられる「知」となります。陣田は事例研究を実践の言語化であり、日常の実践を意味づける作業だと述べています[8]。実践を言語化し、伝えるためには、まず研究する対象をしっかりと見つめる必要があります。陣田はこの認識作業には①感性的認識、②表象的認識、③理論的認識の３段階があると整理しています（図３－１）。

例えば、実践を「感性的」に語るとは、「モニタリング訪問時に、Dさんに『最近膝の具合はいかがですか？』と尋ねたら、『あんただけだよ、心配してくれるのは』と喜んでくださった」ということです。その実践を「表象的」に語ると、「Dさんは１人暮らしで日常的に話をする相手もいない。モニタリング面接時に気遣う対応をしていくことは、Dさんとの信頼関係を築くうえで有効な手段だ」ということになると思われます。さらにその実践を「理論的」に認識するとは、「１人暮らし高齢者が他者との関わりも乏しく、他者から気遣ってもらう言葉を得られないのは、マズローの欲求の五段階説でいうと『所属と

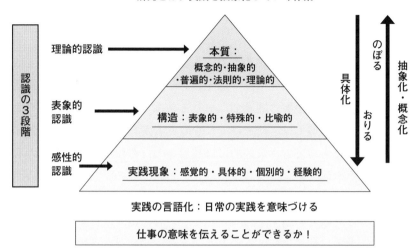

図 3-1　認識の３段階

研究とは、実践を抽象化していく作業

認識の３段階

理論的認識　→　本質：概念的・抽象的・普遍的・法則的・理論的

表象的認識　→　構造：表象的・特殊的・比喩的

感性的認識　→　実践現象：感覚的・具体的・個別的・経験的

のぼる / 具体化 / おりる　抽象化・概念化

実践の言語化：日常の実践を意味づける

仕事の意味を伝えることができるか！

資料：陣田泰子（2009）「『看護現場学』誕生の経過とその方法、開拓・開発まで」『臨牀看護』35（1）、12頁を一部改変

愛の欲求』が満たされていないといえるだろう。Ｄさんが喜んでくれた意味をそのように理解すると、介護サービスの提供できる範囲のニーズだけでなく、Ｄさんという全人的な存在がもつニーズに目を配る必要があることに気づかされる」ということになるでしょう。

　そのうえで陣田が指摘する非常に興味深い視点が、図の右側にある２つの矢印です。下から上へとのぼる「抽象化・概念化」の矢印が研究する頭の使い方を意味しています。すなわち、個別具体的な実践事例から、そこに隠れている構造を見て取ろうとしたり、本質をつかみ取ろうとしていく作業が研究なのです。それに対して、上から下へとおりる「具体化」の矢印は実践における頭の使い方を意味しています。例えば介護保険制度では「自立支援」「尊厳の保持」という理念が重要視されます。しかし、「自立」「尊厳」ということが大事だというこ

とはわかっていても、目の前にいる利用者Dさんにとっての「自立」や「尊厳」とは具体的にはどういったことなのか、それを実現できるように支援するためには、何をどのようにしていくことが必要かを考え、行動していくことが実践家には求められるのです。

こう考えると、実践は何らかの原理・原則や理論を個別の対象とその置かれた状況に合わせて具体化していく作業／思考であり、それに対して研究とは個別具体的な出来事を抽象化・概念化する作業／思考であるということがわかります。

もちろん、1つの事例から理論を打ち立てるということは無理があります。しかし、米本は「1事例ごととの経験でしかあり得ないとしても、その経験の有り様を『反省的』に捉え直してみれば、ある一定の構造が見えてくる」9)と指摘しています。反省的（reflective）とは、振り返って深く考えるという意味の言葉です。行った実践を振り返り、その意味を深く考えることによって、そこに隠れている重要なこと（実践知）を言葉にしていくことができるのです。

この「反省的」であることを重視しているのが、専門職研究のショーン（Schön,D.A.）です10)。ショーンは専門職を、基礎科学と応用技術の知的体系が整備されている専門職（技術的熟練者（technical expert）：メジャーな専門職）と基礎科学や応用技術を厳密化することが困難な領域の専門職（反省的専門家（reflective practitioner）：マイナーな専門職）に分類しています。そして、医師や法律家といったメジャーな専門職以外のほとんどの専門職は、後者のマイナーな専門職に分類されます。私たち相談援助職（介護支援専門員やソーシャルワーカーなど）も後者になります。そしてショーンは、実践している真っ最中に、自らの行っていることについて振り返って考えること（行為のなかの省察）によって、自分自身の行為から学び、有効な行為を選び取ることが重要だと指摘します。事例研究は、「実践してい

る真っ最中」ではなく、その実践が「一段落ついたあと」で振り返って考える作業です。しかし、こうした実践の後の考察であっても、その実践に隠れた大切なことをつかみ出すことに役立つことはすでに述べました。さらに、こうして実践を振り返って考える思考力を養うことによって、その思考が実践をしている真っ最中の自分自身やその実践のあり方を省察する力にもなっていくのです。

　このように考えると、陣田が述べている「のぼる／おりる」の思考を自在に操れることが研究に取り組む実践家にとって鍵になってくることがわかります。ただし、これは思考の習慣の問題です。研究を専門にしている者は、個別具体的な出来事を見て「これはどういう意味をもつのか？」と考えることに慣れていますが、実践家はそうではありません。実際、研究発表の方法を学ぶワークショップを担当していて、それぞれの参加者の「発表したい事例」について、その意味を考えてもらうディスカッションを行っても、議論はすぐに「どう支援するか」というケースカンファレンスになってしまい、なかなか「この意味は何か？　この事例に隠れている、他者に伝えるべきことは何か？」という議論にもって行くことは難しい、という経験をたくさんしました。この、「のぼる／おりる」の思考の矢印を自在に操るにはトレーニングが必要です。しかし、その両方を自在に操ることができる実践家が増えていくことは、実践知の整理が進んでいくことにつながると思います。

3 研究の方法

1 研究発表の構成

　研究の方法には、さまざまなものがあります。それを述べる前に、研究結果をどのように他者に伝えるのか、つまりアウトプットの形を見ておきましょう。研究発表には約束事があります。それを知っておくことで、研究発表をどのようにまとめていくかを意識しながら進めることができます。

　通常、学会や研究大会などの発表（口演発表、ポスター発表）では、発表の本文として①研究目的、②研究方法、③研究結果、④考察および結論という４つの章立てをすることが求められます（**表３－１**）。これは、大会の発表抄録の章立てでも、実際に発表する際の資料作成・発表原稿作成においても同様です。以下、その中身について簡単に説明していきます。

2 タイトル

　タイトルは発表の看板であり、発表内容がわかりやすく表現されていることが大切です[11]。

　例えば「老老介護世帯への支援事例」というタイトルが付けられている発表があったとしましょう。このタイトルだけでは、発表の内容は想像できません。研究大会などでは、参加者はまず抄録集に掲載された発表タイトルを見て、自分が聞くべき発表を選択します。ですから、苦労してまとめた研究発表の内容がわかってもらえるように、工

表 3-1 抄録作成要項（例）

抄録執筆要領
すべて MS 明朝　10.5 ポイント
制限ページ数：1 ページ（A4）

発表者資格と会員番号について
・発表者全員の会員番号を必ず記入してください
・筆頭発表者、共同発表者とも全員が一般社団法人日本ケアマネジメント学会の会員であることが必要です。非会員の方は、抄録提出前に入会手続きをおとりください
・筆頭発表者と●●登録者は同一の方としてください

タイトル：（50 文字以内）
　胃ろう造設に悩む介護者への支援における
　〜同じ状況を経験した人の経験を分かち合う

氏名・所属・会員番号：

京都太郎（花園居宅介護支援事業所）　会員番号：○○○○

所属機関の記載について
・共同発表の場合や、一人で複数の所属機関を記載する場合は、右片付きで○○[1)]、△△[2)]、□□[3)] …の要領で記載してください

要旨：（300 文字以内）
　主治医から胃ろう造設を提案され悩む家族介護者が相談を受け、同じ状況を体験した他の
　　　　　　　　　　　　　　　　　　　　　　　　　　状況の受け止め・吟味・決定のプロセスを支援
　　　　　　　　　　　　　　　　　　　　　　　　　　験をしている人と引き合わせ、その体験を分か
　　　　　　　　　　　　　　　　　　　　　　　　　　族の主体的な意思決定を支える手法として有効
であるといえる。

要旨について
・300 字以内で執筆してください

本文：（1200 文字以内）
Ⅰ　研究目的
　今回、胃ろう造設の提案を受け混乱する家族介護者に対してピアサポート機能を活用
して支
性を考

Ⅱ　研
　（1）
記録と
　（2）
　（3）
説明し
り承諾
ないよう、事例の本質を変えない程度に修正
している。

Ⅲ　研究結果
　（1）事例の概要　Aさん（80 歳代、女性、要介護 5）　Aさんの息子夫婦（Bさん 55

を訪問。Dさんから毎日の介護の様子や、胃ろう造設の経緯、その時のDさんの気持ち、家族の中での話しあいなどを話してもらう。
　　　　　　　　　　　　　　　　　の造設
　　　　　　　　　　　　　　　と連絡
　　　　　　　　　　　　　　り、病
　　　　　　　　　　　　てもら
　　　　　　　　　　　Aさん
退院後
　　　　　　　　　　行う。
退院後は修正したケアプラン、夫妻の在宅介護の様子をモニタリングする。
　その後　現在、Aさんは訪問看護と訪問介護、訪問入浴のそれぞれのサービスを利用しながら、息子夫婦の介護を受けて、在宅で生活をしている。

本文について
・章立ては、Ⅰ　研究目的、Ⅱ　研究方法、Ⅲ　研究結果、Ⅳ　考察および結論の順序としてください
・章見出し、スペース、図表を含め、1200 字以内で執筆してください
・表、グラフ等の貼付は自由ですが、レイアウト等の崩れがないか確認してください。また、黒単色で印刷しますので、ご了承ください

倫理的配慮について
①事例や調査に基づく研究発表の場合は、研究に活用したデータがプライバシーを侵害するおそれのあるものについては当事者に説明し、発表について了解を得ていることを抄録中に記述してください。この記述がない事例研究発表や調査研究発表は、採択されないことがあります。
②事例や調査対象の記述に際して、個人や地名、団体、学校等の特定につながる記述をしないようにしてください。イニシャルを使用する場合は、実際のイニシャルではなく、A県、B町、C地域包括支援センター、Dさんなどと記述してください。この配慮が不十分な発表は採択されないことがあり、また採択された場合であっても修正を求めます。
③発表者が所属する機関の倫理委員会で承認された研究である場合は、その旨を抄録中に記載してください。

資料：一般社団法人日本ケアマネジメント学会認定ケアマネジャーの会の抄録様式より

夫をすることが必要です。

　タイトルは発表内容ができあがってから、それに見合うものを付けることをお勧めします。また、サブタイトルを付けることで、発表の内容をうまく伝えることができます。

> **例 3-5　サブタイトル**
>
> 例）家族介護者と支援チームが悪循環に陥った場合の抜け出し方
> 〜「例外」（よいところ）探しとコンプリメント技法をもとに〜

③　要旨

　要旨はこの発表全体に何が述べられているかを簡潔にまとめたものです。この研究発表を「何を目的に、何をやって、何がわかったのか、何ができたのか」[12] を述べます。

④　研究目的

　研究目的は、この研究発表を何のためにしたのかを書きます。しかし、これを書こうとすることは、なかなか難しいのです。なぜなら、その研究発表が、その発表のための研究対象となった人や問題に関する既知の知識と比べて、どういった重要性があるのかがわからないと「私がしたいと思ったから研究した」というところから抜け出すことができないからです。

　この「既知の知識と比べる」ために先行研究のレビューを行います。例えば、自分にとって「これは重要だ」と思えたことでも、そのことがすでに本や論文に書かれているなら、発表の価値は低くなります。近年では、Web 上で使える本や論文のデータベースがありますので、

自分が発表する内容について、同じような研究がすでになされているかどうかを調べてみるとよいでしょう。そうすることで、自分の行う研究発表の独自性が整理できるかもしれません。

例 3-6 研究目的

例）研究目的

　支援困難ケースに対しては、責任の所在の明確化を前提とした協働体制の構築が重要[1]とされる。本発表では、介護支援専門員が中心となって支援困難事例への協働体制を構築し、支援困難状況を解決することができたので、その方法論上の留意点について考察する。

1）和気純子（2005）「高齢者ケアマネジメントにおける困難ケース—ソーシャルワークからの接近」『人文学報』361、116 ～ 117頁

　また、この研究目的は結論と対応していることが必要です。もし、上記の例で結論が「スーパービジョンが重要である」と述べたいとすれば、「協働体制の構築」という研究目的と「スーパービジョンが重要」という結論との間に首尾一貫性がみられないことになってしまいます。そのような発表は、聞く側に「結局、何が言いたかったんだろう」という疑問を抱かせる以上のものは提供できません。

　発表の流れは、研究目的→研究方法→結果→考察および結論と展開されていきます。しかし、これは発表の聞き手にとっての流れです。西條は研究によって明らかにできた結果から逆算して「研究目的」を再設定することもあり得ると述べています[13]。通常、数量的な研究においては、研究の目的を設定し、そのために調査計画を立て、調査票を作成してデータを集め、分析、考察するため、明らかになった結果から研究目的を設定しなおすことはできません。しかし、事例研究の

図 3-2 研究目的から結論までの首尾一貫性を意識する

研究目的と結論の関係を常に意識する

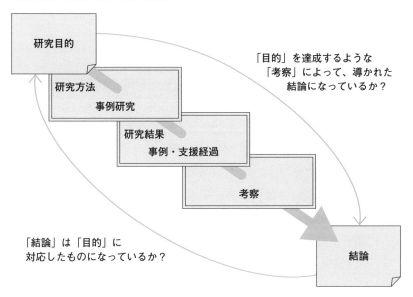

「目的」を達成するような
「考察」によって、導かれた
結論になっているか？

「結論」は「目的」に
対応したものになっているか？

場合、先に述べたように事例が先にあり、その事例は何らかの研究を
するために収集したデータではなく、現実に生きる利用者の生活を支
えようとして取り組んだ結果です。そこからわかったことの重要性を
述べたいとすれば、それが重要であるという理由を先行研究と対比さ
せながら研究目的に据えることができると思われます。

5 研究方法

　研究方法には、さまざまなものがあります。また、研究とは何らか
のデータを収集し、それを分析することで考察・結論を述べるもので
す。

研究方法には①データ収集の方法と②データ分析の方法があります。さらに、そうした研究という行為が倫理的に問題がないように配慮しておく必要があり、そのことを述べておくことも必要です。

①データ収集の方法

　事例研究の場合、実践家が自分で担当した利用者の支援経過を事例とする場合が多いようです。一事例の支援経過を事例研究する場合、データ収集の記述方法は、このようなものになると思われます。

例 3-7　データ収集

　例）支援経過記録を事例を分析するデータとした。

　例）支援経過記録をもとに、利用者に対する連携・協働体制構築に関して行った事柄とそれに対する利用者の反応を加筆し、分析するデータとした。

　また、同じような課題を抱えた数名の方の支援経過を比較対照してみることもできます。なお、可能であるならば、その利用者に対してインタビューをしてみることによって、「当事者の語り」を含めてデータとすることもできます。

②データ分析の方法

　データ分析の方法もさまざまあります。データの種類には、数量的なデータと、質的なデータ（インタビューや観察等によって得られる言語的データ、数値で表せないもの）があります。事例研究では事例の支援経過をデータとして分析するわけですが、例えば、利用者の行動や状態を数量的なものに置き換えられるとすれば（虐待事例の支援で虐待行為の発生回数をデータとする、認知症の人の支援でBPSD

図 3-3 単一事例実験計画法（AB デザイン）

あるケアの方法を行った前後で、利用者の変化を測定し、そのケアの効果を検証する研究方法。
一人の利用者の実践事例の効果測定を行うときに使える方法。

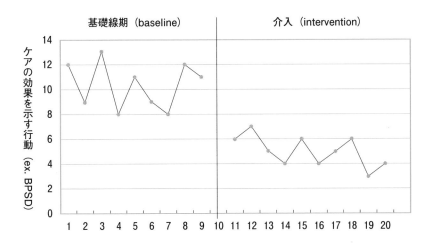

の発現回数をデータとする等）、どういった支援方法がその数値の変化をもたらしたかを考えるということは可能です。このような分析をしたい場合では単一事例実験計画法（single subject design）を用いることができるかもしれません[14]。

　しかし、ケアマネジメントのような1人の利用者の支援の展開を分析しようとする場合、利用者の変化にはさまざまな要因が関連していますので、単純に何らかの指標を設定して、その変化を追うだけで有効な分析ができるともいいにくいところです。

　そのため、実際には事例の支援経過とそれによって起こる利用者の状態の変化について、その関係性や意味を考え直す、すなわち省察するということになります。

例）利用者の苦情の意味を理解するために行った工夫に着目して
　　事例の支援経過を何度も読み直し、その意味や苦情の訴えが改
　　善された理由について考察した。

　こうした省察のためには、事例の支援経過を詳細に書き起こし、そ
れを何度も読み返し、なぜこのような変化が生まれたのかを考えてい
くことを繰り返しながら、考察をしていく作業が必要になります。

③倫理的配慮

　研究という行為は、その対象が人である場合、大なり小なりその対
象となる人のプライバシーを侵害することによって成り立ちます。そ
の侵害の度合は、数量的な研究に比べて、質的な研究、特に事例研究
では顕著になります。何しろ事例であるわけですから、Eさんという
方の支援について述べようと思うと、Eさんの生理・心理・社会的な
状況を「事例の概要」として示したうえで、支援の経過を説明してい
くことになるわけです。すると、それは見る人が見れば、誰のことか
はすぐにわかってしまいます。それゆえ、研究にあたっては、利用者
の理解と協力が不可欠となるのです。利用者や家族に事例研究の意義
を説明して、研究発表をさせてもらうことについて同意を得ることは
大切なことです。そして、そのことは研究方法のなかに書いておくこ
とが求められます。

例）本発表については、利用者・家族から了承を得ている。

　また、この倫理的配慮を丁寧に行う場合、下記のような方法を取る

ことになります。

例 3-10　倫理的配慮2

例）本発表については、利用者・家族に発表の趣旨を説明し、了
　　承を得た。さらに発表抄録・発表原稿を読んでもらったうえで、
　　発表について承諾を得た。

　こうした作業を行わずに発表し、そのことを事例の当事者が「権利
を侵害された」と捉えた場合、それは訴訟の対象ともなります。良い
ことをしようと思って行った研究発表が、利用者や家族の権利侵害と
ならないように、十分な配慮をすることが大切です。
　さらに、実践家と利用者の関係は、個人的な関係ではなく、所属機
関のサービス提供について契約を結んだ関係です。ですから、実践研
究を行うことの許諾は利用者だけでなく、所属機関に対しても必要で
す。場合によっては、事例に関わる関係機関にも許諾を得ておくこと
が必要な場合もあり得るでしょう。
　しかし、事例から非常に重要なことが学べそうであっても、研究へ
の参加の許諾が得られない場合もあり得ます。例えば、虐待事例の場
合などでは虐待行為を行っている養護者から簡単に許諾を得られると
は限りません。このような場合、事例研究において伝えたい事柄の本
質には影響しない程度で、事例の個人が特定できないように事例を加
筆修正するという作業を行う場合があります。そうしたときにも、そ
の旨を研究方法の中に記述しておくことが必要です。

例 3-11　個人の特定を防ぐ配慮

例）本発表に際して、個人が特定できないようにするために、事
　　例の本質を変えない程度に修正している。

6 研究結果

　研究結果は、その研究の結果を述べるところです。事例研究では事例の概要と支援経過が研究結果にあたります。

　事例の概要としては、一般的には利用者についての基本的な情報（性別、年齢、ADL・IADLの状況、既往症・現病歴と現在の症状等、家族状況）、主訴、生活問題の状況、サービス利用状況、エコマップ、相談／サービス利用に至るいきさつ等を述べます。そのうえで、支援経過を述べることになります。

　この部分を書くにあたって、以下のことに注意する必要があります。事例研究において、事例内容そのものを研究データとして扱います。しかし、事例研究をしている主体がその支援を行った実践家である場合、利用者との間で過去に起こったさまざまな出来事や、それぞれの局面での援助者自身の感情の動きや思い入れが頭をよぎります。この利用者のことを考えるとたくさんのことが思い出され、「あれもこれも書きたい」となると思います。そうすると収拾がつかなくなり、どうまとめてよいのかわからなくなってしまいます。

　それに対して、この事例研究で「最終的に述べたい大切なことは何か」を考えたときに、それを説明するにあたって不必要なエピソードはそぎ落とし、結果に関連する情報をもとに支援経過を記述していく必要があります。比喩的に言えば「論旨の幹を見失わずに、枝葉を切り落とす」作業です。また、結論で述べたいことに関わって、「利用者の状況」→「アセスメント・プランニング・実施」→「利用者の状況の変化」という相互作用が読み取れるように書いておくことも大切です。

7 考察および結論

　研究において最も難しい部分が「考察」です。結論は、その考察をコンパクトにまとめ直したものですから、やはり考察は最も重要な部分といえます。この考察の語義は「物事を明らかにするために、よく調べて考えをめぐらすこと」（大辞泉）ですが、ではどのようにすればよいのかということは、事例研究や研究発表の本を見ても、なかなか上手く書いてあるものがありません。

　例えば、『APA論文作成マニュアル』では、考察とは実験・調査の結果に対して「その結果のもつ意味について—特に仮説との関連から—評価と解釈を加える」「結果から導き出した理論的帰結事項や最終結論の妥当性を強調する」[15]ことだと述べられています。また、「問題意識である『問い』をもとに、先行研究とデータ分析結果をすり合わせて多角的に行う作業」[16]ともいわれます。

　事例研究の場合、結果とは実験や調査結果ではなく、行われた支援の経過と、その結果として形成された利用者のより良い生活の状態と考えられます。支援は利用者の自立やQOLの向上を目指して行われるわけですから、その結果が良いものであった場合、何がその良い状態を作り出したのか、それはなぜかを述べることが考察といえます。

　その際、「仮説」との関連から述べると書かれていますが、計画された調査研究、特に量的研究では研究仮説を設定し、調査計画を立て、実施します。ですから、調査によって得られた結果が仮説を支持するかしないかは重要な問題となります。質的研究においても先行研究をレビューし、仮説を立てて調査を行うわけですが[17]、事例研究の場合、「事例が先にある」タイプでは、仮説と関連させて事例を分析することは難しいことがあります。しかし、事例が先にあったとしても、そうした問題を抱えた利用者の支援方法について先行研究をレビューし

たうえで事例の分析を行ったとすれば、そうした先行研究と比較して行った支援とそれがもたらした利用者の変化の意味や重要性を述べることはできます。また、事例に対して何らかの支援方法を意図的に用いた場合などでは、当然その効果を生み出した理由が考察のポイントになってきます。

　さらに、考察は事例研究をする人が「考えた」だけでなく、その問題についてすでに述べられたこと（先行研究）に照らしてみて、先行研究の妥当性を追認することができたのか、それとも先行研究では述べられていないことを発見することができたのかを述べることでもあります。そして、「そのモデル（研究から提示できた見方、考え方）を通して事象を見たときに、どのように実践における認識が変わってくるか、あるいは実践が変わるかを示す」[18] ことにつながっていきます。

　この事例研究の結果によって、取り上げたような生活問題を抱えた利用者に対しての支援をどのように変えていけばよいのかを示せるならば、それは「実践への示唆」として述べることができます。

　加えて、研究の限界と今後の課題も提示します。研究の限界とは、この研究結果について責任をもって述べられる範囲とでもいえばよいでしょうか。例えば、一事例の事例研究でわかったことを、すべての事例について妥当だといえるわけではありません。そのため「本研究は一事例の事例研究であり、この研究結果はすべての○○の事例に当てはめられるものではない。これが本研究の限界である」等と研究の限界を述べておきます。また、高齢者夫婦世帯の介護者の負担軽減が図れたというような事例研究の場合であれば、そこで明らかにできたことは異なった世帯構成の事例では有効とはいえないかもしれません。このような場合、この研究結果の有効性が適用できる範囲を述べておきます。

例 3−12　研究の有効性が適用できる範囲

例）三世代同居世帯や別居介護、遠距離介護世帯などでは支援の
　　重点が異なることが考えられる。

　最後に、研究を進めるにあたってお世話になった人（利用者、調査
協力者等）に対して謝辞を述べ、引用した文献のリストを付けておき
ます。

　ただし、抄録作成の段階では字数の制限がありますので、その字数
の範囲に収まるようにします。そして、研究発表本番の資料には、こ
れらの項目はすべて収めるようにします。

column　たくさん研究発表を聞いてみよう

　スティーヴン・キングが、自分の小説作法を披露する『書くこ
とについて』の中で「作家になりたいのなら、絶対にしなければ
ならないことが2つある。たくさん読み、たくさん書くことだ」
と書いています。これを読んで「なるほど」と思いました。

　これを言い換えるならば、「研究発表が上手になりたいなら、
絶対にしなければならないことが2つある。たくさん研究発表を
聞き、たくさん発表することだ」となるでしょう。たくさん発表
を聞き、それらを比べることで「この発表は上手だな」と思える
ものが見えてきます。

　また、研究テーマ設定の仕方や研究の方法、まとめ方や結果の
提示の仕方、そして考察の進め方など自身の研究に役立てられそ
うなヒントを得ることができるでしょう。

※スティーヴン・キング（2013）『書くことについて』小学館文庫

4 事例研究とは

1 さまざまな研究と、そのなかの事例研究の位置

　研究にはさまざまな種類があります。例えば、研究は帰納的研究と演繹的研究に大別されます（**図3-4**）。帰納的研究とはさまざまな事実や事例を集め、それらを何らかの方法で整理していくことを通じて結論を導き出そうとする研究です。しかし、研究に用いられなかったまったく異なる結論を導く事例が見つかれば、その結論の説明力はなくなります。このことから、帰納的研究の結論は、得られた事例の範囲で述べることができた説、つまり仮説だとされ、仮説生成（理論生成）型研究と呼ばれます。そして、事例研究は帰納的研究のなかに

図 3-4 研究の種類

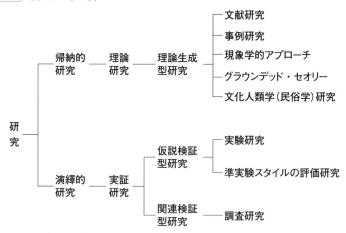

資料：河口てる子（2012）「第15章研究計画の立て方」小笠原知枝・松本光子編『これからの看護研究―基礎と応用 第3版』ヌーヴェルヒロカワ、166頁に加筆修正

位置します。これに対して演繹的研究とは一般的・普遍的な前提から出来事の結果を導き出す研究です。

この2つの研究方法のあるべき関係は以下のように説明できます。現在得ている知見では十分に説明できないような出来事を集め、出来事の説明を行うのが帰納的研究です。その結論は仮説なのですが、仮説が本当か検証し、一般的な法則や理論へと強めていくのが演繹的研究の役割です。研究結果の説明力を比較すると、多くのサンプルから統計的手法を用いて結論を導き出そうとする演繹的方法のほうが重要であるようにみえるかもしれません。しかし、人の生活のなかに起こるさまざまな問題については、すでに明らかにされている理論で説明がつきにくいようなものがたくさんあります。そうした事柄を研究対象とし、さまざまな研究へと発展させていく役割を担う研究方法の1つが事例研究といえるでしょう。

また、河合隼雄は「1つの症状について何例かをまとめ、それについて普遍的な法則を導き出すような論文よりも、1つの事例の赤裸々な報告のほうが、はるかに実際に『役立つ』ということ（中略）つまり、『個』をあくまでも追及してなされた内容が多くの他人に役立つのは、それが何らかの意味で『普遍性』をもつことを示す（後略）」[19]と述べています。1事例の事例研究から得られた結論の説明力は小さいものです。それは事実ですが、実践家がその事例研究を聞く／読むとき、実践家はその事例と似たような状況にある利用者を思い浮かべます。あるいは、実践家は自分が現在支援に苦労している利用者と似た状況の利用者のことを研究している事例研究を探す、といったほうがよいかもしれません。そして、その事例研究に触れたとき、その考察・結論に述べられているような良い結果につながる注意点・留意点・支援上の工夫等を、自分の担当している利用者の支援に応用することを考えるのです。もちろん、1事例の事例研究の結果を短絡的に一般

化することはできません。しかし、自分の担当する利用者と、事例研究がなされた利用者の置かれた状況の構造が似通っているとき、援助者は「これは私の担当しているFさんの支援に役立ちそうだ」と感じるのです。

2 さまざまな事例研究の定義からみる事例研究の姿

事例研究とは、一般的には「ある具体的な事例について、それを詳しく調べ、分析・研究して、その背後にある原理や法則性などを究明し、一般的な法則・理論を発見しようとする方法」（大辞泉）とされています。本章の冒頭に2つの定義を挙げておきましたが、以下のように事例研究はさまざまに捉えられているのが現状です。

①詳細な報告と考察

事例研究 case study ：個別の事例に関する詳細な報告と考察を指すが、質的研究イコール事例研究ではないことに注意すべき。質的研究には事例研究も一部として含まれるが、それ以外の個別事例のレベルを超えた抽象化、一般化を目指す研究方法（例：グラウンデッド・セオリー、質的内容分析、タイプ形成など）も現在の質的研究分野では盛んに行われている[20]。

②事例固有の理解

事例研究法という戦略が選好されるのは次のような場合である。すなわち、研究者が、「どのように（how）」あるいは「なぜ（why）」という問いへの答えを求める場合、研究者が研究中の出来事を制御できない場合や、研究対象が現実に進行中の現象である場合、あるいは

現象とその文脈（背景）の境界が明確でない場合や、複数の証拠源を用いることが望ましい場合とされている。ステイク（Stake, R. E.）が強調するのは、事例研究法にとって第一の関心事は、個別的なもの（the particular）についての知識を生み出すものだという点である。ステイクが推奨するのは、当該の事例に固有な問題を見極め、その理解を目指すような事例研究である[21]。

③経験的探索

事例研究は経験的探索であり、その現実の文脈で起こる現在の現象を研究する[22]。

④現象の集約的、全体論的記述と分析

ケース・スタディは、ある単一体、現象、社会的単位の集約的で全体論的な記述と分析である[23]。

⑤因果関係の解明

事例研究とは、主として研究や教育を目的として行われ、対象の特異な事象や個人に関わるさまざまな問題やその背景について、詳細な個別的、具体的調査を実施し、その因果関係全体を究明していくことを意図している。さらに、これらの所見を踏まえて、問題解決への手がかりや方向性を個別具体的に見い出していくことを目的に展開される[24]。

⑥行動の選択、結果の予測

事例を通した他者の経験の追体験は、人が行動を選択したり、その結果を予測することを改善するために重要な基盤となる[25]。

⑦新しいアイデアの抽出

　臨床の事例研究とは、臨床現場という文脈で生起する具体的事象を、何らかの範疇との関連において、構造化された視点から記述し、全体的に、あるいは焦点化して検討を行い、何らかの新しいアイデアを抽出するアプローチである[26]。

⑧事例を用いた理論の提案、検証

　事例を用い理論を提案する、あるいは理論を検証する研究である[27]。

　これらをみると、事例研究というものの意味や役割が十分に整理されていないことがわかります。それでも、①②③④からは事例研究が個別の事例について丁寧に語り、その状況がなぜ生まれたのかを理解するために役立つものだということがわかります。さらに、そうした理解ができるならば、利用者の状況の今後についての予測が立てられるかもしれないし、どのように支援することがよいかを吟味することにも役立つかもしれません。さらに、何らかの理論を提案することにもつながっていく可能性をもっているものなのです。

1　事例研究の進め方

①事例との出会い〜どんな事例を事例研究するのか〜

　実践家が、自分の担当した利用者とその支援のことを研究してみようと考えるということは、そこに何らかの大事なことが隠れていると気づいたからです。しかし、それを十分に説明できないとき、この事例を事例研究してみようと考えるのだと思います。

　一般に、事例研究に値する事例とは、❶稀な事例、❷支援が困難だった、または支援に工夫を要した事例、❸理論的に正しい支援方法、❹従来の方法に一工夫したもので、理屈から考えて実害のないもの＝実践家がすぐに使えるエビデンスになるもの[28] などといわれます。

　例えば、介護支援専門員であれば事例研究に取り上げようと考えるのは❷の支援が困難だった、支援に工夫を要したという事例が多いと思われます。特に難しかったけれども、工夫をして上手く支援できたという事例は、その事例のなかにある知見を他の介護支援専門員が役立てることができれば、その事例と似たような状況にある利用者に貢献できると思われます。ここで「工夫した」とはアセスメント、プランニング、ネットワーキング、チームアプローチ、連携・協働といったケアマネジメントの展開上のポイントかもしれませんし、利用者や家族との援助関係構築に関することかもしれません。「どのような利用者の、どんな状況に対して、こうした工夫が有効だ」ということが共有されれば、それは介護支援専門員全体の知の底上げにつながります。

同じ意味で、❶の稀な事例を研究することも重要です。例えば、キーパーソンが海外に住んでいる事例や、グループホームの建て替えに伴う利用者の転居時のリロケーション・ダメージを最小にするための工夫といった、稀な事例や出来事を取り上げた事例研究の発表を聞いたことがあります。こうした事例は頻繁に出会うものではありませんが、それだけに、そうした状況に直面している実践家にとってその事例研究は実践の参考になります。稀な事例の研究は、次にそのような稀な事例に巡り会う実践家を助けるかもしれません。

②ありのままを書き出す

　研究する事例が決まれば、その事例をありのままに書き出します。利用者の概要や支援経過は、支援経過記録を引用することになると思います。しかし、支援経過記録には必要最小限のことしか記載されていません。そのため、記録を基にしながら、その利用者への支援について思い出したことを加筆していきます。こうしてできあがったものが事例研究のデータとなります。

　また、こうして支援について思い出す作業は、それ自体が考察につながっていくものです。ある局面で、利用者にショートステイ利用を勧めたとすれば、それはどういうアセスメントに導かれたものだったのか、そこで利用を勧める必要があると判断したポイントはなんだったのか、そのときの利用者の反応はどのようなもので、それを自分はどう解釈したのか等を考えていくと、その解釈が今の時点から考えて妥当だったのか、それとも他に打つ手があったのではないか等、さまざまなことを考えることになります。

③支援経過を捉え直す「観点」を見つける

　事例の支援経過を書き出し、何度も読み直していくうちに、そこで

自分が行ったこと、あるいは利用者の変化に影響を与えたことは何だったのかについて考えが深まっていきます。それは例えば、「利用者のストレングス」「意欲の醸成」「権利」「家族関係の調整」等さまざまなキーワードとして頭に浮かんでくるでしょう。あるいは、「〇〇モデル」「〇〇アプローチ」というものかもしれません。そうした、事例を捉え直す観点が見えてくれば、改めて文献に当たり、それらについて勉強をやり直してみると、確かに既知の知見を用いて支援を行っていることがわかるかもしれません。あるいは、既知の知見では十分に説明されていないことに、何らかの工夫をして対処していることが見えてくるかもしれません。

④「つまり」を考える

先に実践と研究における「のぼる／おりる」の頭の働かせ方について述べました。事例の支援経過を読み返しながら、「つまり」何をしているのかを述べようとすることは、考察を深めることにつながります。これは言い換えれば、「のぼる」、すなわち「抽象化・概念化」しようとする思考の方向性です。

考察は、「つまり、何なのか？」「そのことは、なぜ大事なのか？」「そのことは、誰にとって、どんなふうに大切なのか？」ということを考えるとすすみやすくなります。この「大切な事柄」とは、「普遍化、一般化」できることと言いたいところですが、一事例の事例研究で普遍化するところまでは至りませんので、ここでは「他の似た実践事例にも使えそうなこと」と考えるとよいでしょう。

⑤何らかの分析方法を用いる

事例を分析していくとき、その分析対象は言葉です。こうした文字データを分析する手法にはさまざまなものがあります。KJ法、質的

統合法、グラウンデッド・セオリー・アプローチ（修正版を含む）、
SCAT（Step for Coding and Theorization）[29]、あるいはカードワーク、
コードマトリックス、エスノグラフィー等があります。それぞれの方
法を論じた文献に当たり、その方法を理解していくことが大切です。
その際、理論書だけでなく、その分析方法を用いて研究を進めるプロ
セスを具体例を交えて解説してあるような文献を参考にすることも有
用です[30]。

⑥研究のプロセスと事例研究

　量的研究では研究のプロセスは、研究対象となる出来事について問
題意識をもち、先行研究のレビュー等を経て、①モデルの構築、②
データ収集方法・分析方法の決定、③データの収集、④データの分析、

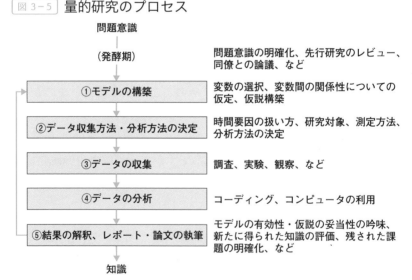

図 3-5 量的研究のプロセス

資料：古谷野亘・長田久雄（1992）『実証研究の手引き──調査と実験の進め方・まとめ方』ワールドプラ
ンニング、11頁

⑤結果の解釈、レポート・論文の執筆、というように進んでいきます。そしてもし、その研究のサイクルで明らかにできなかったことや、今後の研究課題が積み残された場合、それは次の研究で扱うものとして、研究が発展していきます。

これに対して、質的研究の一方法である事例研究は「行きつ戻りつ」しながら進んでいくことになります。

実践家が何らかの事例と出会う。これは相談援助職としての日常の仕事です。しかし、実践家ならその事例のなかに「何か大切なことが隠れているように感じる」「この事例から何か大切なことが考えられるのではないか」と思える経験をしたことがあると思います。この着想を得る段階では、「この事例は大切だ」と感じる反面、何が大切なのかはわからないことも多いものです。そして、仕事の忙しさのなかで事例研究をするというアイデアはどこかに消えてしまうかもしれません。しかし、この事例について「事例研究をする！」という決心をすることがまず大切です。

決心をしたら、事例研究のためのノートやファイル、あるいは文書ファイルをつくってみましょう。これらが事例研究をするという「決心」を常に感じさせてくれます。また、職場の上司にこのことを話して許諾を得て、自分が事例研究をするという状況をつくってしまうことも有効でしょう。さらには、その発表をいつ、どこで行うのかを想定すると、最終的にいつまでに事例研究を仕上げるかというスケジュールを立てることにもつながります。実践家が日常業務に加えて研究をすることは大きな労力を必要とします。ですから、途中で投げ出してしまわないように、自分自身に対して仕掛けをしておくことは有効な工夫といえるでしょう。

まず、事例を時系列で書き出し、研究データである「事例」のテキスト化を行います。この書いてみる作業のなかから「②研究の焦点」

が見えてくることがあります。

　また、事例を読み解くために「③関連する情報を集める」ことによって「②研究の焦点」が見えてくることもあります。つまり、事例を分析することは「行きつ戻りつしながら、考えを深めていくプロセス」といえます。

　次に、研究の焦点を絞る段階になりますが、これはこの事例を掘り下げて考えていくときの「研究のテーマ」「目的」を絞ること（研究の問い（Research Question）を立てること）でもあります。自分自身に「つまり、この事例から何を考えたいのか？」と問いかけていくことで、この作業が進んでいきます。

　それから、関連する情報を集めます。研究テーマや目的が考えられるようになってくれば、それに関連する情報を集めます。例えば同じような事例を扱った本や論文を探してみます。また、研究テーマに関連するキーワード（例えば「エンパワメント」「パワレス」「リカバリー」）を考え、それらに関連する本や論文を探してみます。このようにして、先行研究を入手し、読むことで、自分がこの事例から何を考えたいのかが整理されていきます。

　これらの先行研究にあたるためには、下記のサイトが役に立ちます。

・国立情報学研究所、論文情報ナビゲータ CiNii　https://ci.nii.ac.jp/
・科学技術情報発信・流通総合システム J-STAGE　https://www.jstage.jst.go.jp/browse/-char/ja
・医学中央雑誌刊行会医中誌 Web　https://www.jamas.or.jp/
・国立国会図書館オンライン　https://www.ndl.go.jp/
・学術機関リポジトリデータベース（IRDB）https://irdb.nii.ac.jp/
・Google Scholar　https://scholar.google.co.jp/

　こうして得られた情報をもとに、事例のなかに隠れている大切なことは何なのかを考えるのですが、事例のなかにはさまざまなものが隠れています。そのため、先行研究にあたってみると、最初にイメージしていた大切なこととは違うものが大切なのではないかと思えてくるかもしれません。そうすると、もう一度研究の焦点を絞り直してみて、改めてその観点から事例を読み直してみる作業が必要になるかもしれません。ただし、こうした作業を1人で行っていると煮詰まってきたり、すべてが大切なことに思えてきて、どれを今回の研究の中心に据えるかがわからなくなることがあります。そういうときは、事例研究や研究発表の経験があり、守秘義務に関しても信頼できる第三者に、自分が今考えている考察について説明し、客観的な意見をもらうとよいでしょう。このような作業を「行きつ戻りつ」しながら、事例研究

図 3−6　事例研究のプロセス

```
         日常の実践
        （着想を 得る）          「この事例には何か大切なことが隠れ
                               ているように感じる」事例との出会い

  ①事例を書き出してみる        研究対象（事例）のテキスト化

  ②研究の焦点を絞る           問題意識の明確化、同僚との論議、など

  ③関連する情報を集める        先行研究のレビュー、必要な情報に
                               ついての追加収集など

  ④得られた情報をもとに、事例の中に   ②③④を行きつ戻りつしながら、
    隠れている大切なことを言語化する   「この事例の中に隠れている大切
                                なこと」を見つけようと努力する。

  ⑤結果の解釈、レポート・論文の執筆  新たに得られた知見の評価、残され
                                た課題の明確化、など
         知識
```

資料：古谷野亘・長田久雄（1992）『実証研究の手引き――調査と実験の進め方・まとめ方』ワールドプランニング、11頁、図3−5を参考に筆者作成

の考察は深まっていくのです。

　そして、先行研究を参考にしながら、事例の支援プロセスに隠れている大切なこと（実践家としてこのような事例に直面したときのアセスメントやプランニング、その他支援における工夫等）を言葉にしていきます。こうして、研究の目的（研究の問い）に対する結果を言葉にしていくのです。

　また、最終的に事例研究の抄録／発表原稿／レポート／論文を執筆することになるのですが、最終的に書かれるものの構成と作業手順は以下のような関係になると思います。

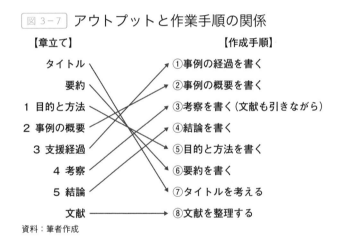

図 3−7　アウトプットと作業手順の関係

【章立て】
タイトル
要約
1 目的と方法
2 事例の概要
3 支援経過
4 考察
5 結論
文献

【作成手順】
①事例の経過を書く
②事例の概要を書く
③考察を書く（文献も引きながら）
④結論を書く
⑤目的と方法を書く
⑥要約を書く
⑦タイトルを考える
⑧文献を整理する

資料：筆者作成

2　事例から何をつかみ出すか

　事例はさまざまな事柄を含む多面的なものといえます。よって、その事例のなかから何かつかみ出そうとすることは、今現在自分が考えていることでよいのか、それとももっと異なる面から考えていく必要があるのかを、問い直す作業といえるでしょう。

　以前、ある介護支援専門員の実践研究をサポートした経験から、考

察についてもう少し考えていきます。

　事例の概要は、担当していた1人暮らしの高齢者に認知症の症状が出てきて、そこから起こる金融機関や家主等とのトラブルの解決に介護支援専門員が奔走するというものでした。そうするなかでも認知症は徐々に進行していき、介護支援専門員は「そろそろ在宅生活は限界か」と施設入所の提案の時期がきたと考えます。その一方で、定職に就かず、お金がなくなってくると短期的な仕事でつなぎ、自由気ままに暮らしてきた本人の人柄では、施設という場での暮らしには馴染めないだろう、そうすると何とか1人暮らしを続けることが本人にとって快適な暮らしを支えることではないかとも考え、介護支援専門員は悩みました。そうしたなか、本人の支援について独立型社会福祉士に相談したところ成年後見の申し立て支援をしてくれることになりました。その後、この社会福祉士が成年後見人に選任され、以降は介護支援専門員と成年後見人が連携・協働しながら在宅生活が継続できるように支援を続けられました。この事例を事例研究してみたいということでした。

　考察をどうするかについて相談を受けたので、介護支援専門員に今考えている考察を語ってもらいました。一番最初の考察のポイントは「このような利用者には成年後見人が必要だ」というものでした。確かにそのとおりなのですが、それでは1人暮らしの認知症の人すべてに当てはまるような考察です。そこで、この事例に隠れているユニークさ、独特なものは何かを再度考えてもらいました。次に返ってきたのは「このような利用者には介護支援専門員が成年後見人と連携して支援をしていくことが必要だ」というものでした。これも確かにそのとおりですが、これでは成年後見人が専任されている利用者すべてに当てはまる考察です。さらに再考してもらうことにしました。そして出てきたのが「施設入所か、在宅生活の継続か、介護支援専門員の考

え／気持ちは揺れ動いたけれども、利用者にとって何が最善なのかを考えるとき、援助者の考え／気持ちは揺れ動くものである。こうした介護支援専門員自身の揺れ動き（悩み）は織り込み済みとして、支援に向き合わねばならない」というものでした。

このエピソードから、事例について「つまり？」「つまり？」と抽象化・概念化していくことで、「社会資源の種類」「社会資源との連携」というところに目が向いていたものが、最終的には「援助者の構え」に行き着いたのです。援助者として悩むことは一般的には「問題を処理できていない」「援助者としての問題解決力が足りない」と受け止められがちです。しかし、この考察では、人生の岐路に直面する利用者のことを考える時、援助者として悩むことは当然あり得ることだと考えて支援に向き合うことによって、援助者は「自分はしっかり支援できていない」と卑下するのではなく、悩むプロセス自体も支援のなかに織り込み済みのこととして利用者に向き合っていく力強さをもつことの重要性を指摘するものだと思います。

利用者の支援においてアセスメントで「なぜ？」「なぜ？」「なぜ？」と掘り下げていくのと同じように、事例研究の考察も「つまり？」「つまり？」「つまり？」と掘り下げていく作業が必要になります。ただし、この作業を一人で行うことは難しいものです。なぜなら、人にはそれぞれに発想の枠があります。その枠は自分にとって自明のものであるだけに、その枠外に思考を展開することは難しいからです。それゆえ、事例の考察を聞いてもらい、「それはつまり、どういうこと？」と掘り下げを手伝ってもらう人がいれば、考察は深まりやすくなると思います。

6 考察について

1 考察とは何か

　考察についてはすでに述べましたが、こうすればよい考察ができるという魔法のようなものはありません。ただし、通常の科学論文では、先行研究に照らして何が明らかにできたのか、なぜこの事例は報告に値するものかを述べる作業だといわれます[31]。また内田は、考察は結果をどう判断し、どう解釈するか、どうしてそのような結果になったのか原因を検討する、この結果から何が言えるか、今後の実践にどう活かすかを説明することだと述べています[32]。

　また、マクニー（Macnee, C. L.）は考察を以下のような作業だと述べています[33]。

・調査や事例の分析から得られた主要な知見を要約する。
・得られた知見と先行研究の結果や既存の基準を比較する。
・得られた知見と理論を比較する。
・発見された違いをもたらす理由を考える。
・発見された不備を改善するための変革に関する提言を考える。

　その他にも、いくつか、考察を深めるために視点を提示しておきます。
○その事例が、他の事例とどの点で同じでどの点で異なるのか比較する[34]。
○研究結果（事例研究の場合は、支援経過）とは、研究対象となった個別の事例もしくは事例にみられたパターンについて述べることで

あり、「考察」とはそうした個別の事例やパターンを通してみえて
きた、より一般的で普遍的（他の事例にも応用可能）な事柄を論じ
ることである[35]。

○考察では、結果を根拠とした議論をする、考察部分で新たな結果を
提示しない、結果の続きではなく研究目的のもとになった研究問題
への回答を書く、思考や論述内容の飛躍がないようにする等に注意
する[36]。

○「つまり」を述べるためには、そのことが「誰」にとって大切だっ
たり、役立ったりするのかを考える。また、その大切さは誰が使う
ことができるのかを考える。

2 考察の練習をしてみましょう

例えば、ここではごく初歩的な分析方法をやってみましょう。まず
1行ごとのコーディング（line by line cording）を行います。以下の
事例を読み込んで、重要だと思えるところにアンダーライン／マー
カーペンを入れてみましょう。そして、その印を入れた部分について、
「この意味は何か？」を考え、それを用紙の右側に書き込んでみましょ
う。そうすると、事例に隠れている「大切だ」と思えそうなことが右
半分に並んできます。今度は、さらにその右側の説明（コード）を見
渡して、分類、それぞれの関係のあり方等を考えていきます（focused
cording）[37]。こうすることで、この事例に隠れている重要なものを
概略的に捉えることができると思います（149ページにコーディング
の例を記載しましたので練習した内容と比較してみてください）。

①大切だと思う部分に 　線を引いてみる	②線を引いた部分の意味を 　考えてみる

201X年3月10日

　要介護5で寝たきりのAさん（85歳、女性、要介護5）は、現在誤嚥性肺炎で入院中である。Aさんの息子（Bさん55歳、会社勤務）の妻（Cさん54歳、専業主婦）から相談があるという連絡を受け、翌日に相談の時間を取る約束をした。

201X年3月11日09:00～10:00

　約束の時間にBさんとCさんが当事業所に来所した。Bさんは時間有給を取ってこられたとのこと。

　Aさんの入院時に、主介護者であるCさんから、夫婦は状態が落ち着いたら、Aさんを家に連れて帰って、在宅で介護したいという思いをもっていることはうかがっていた。

　夫婦の話は以下のようなものであった。

　Aさんが口からの摂食が困難になってきたため、主治医から胃ろうの造設をすすめられた。医師からは胃ろうを造設して、状態が安定したら退院し、自宅療養することができると説明を受けた。しかし、どうしたらいいのかわからなくなったので、入院前に担当していた当方（担

当介護支援専門員）に相談をすることにしたという。

　夫婦は「お腹に管が入っているなんて、そんなのかわいそう。病院はひどいことを言う」「前と同じくらいにまで回復して退院してくると思ったのに」「そんな状態では、私たちは世話できません。家に連れて帰ってくることはできません」「病院にずっと置いてくれるわけでもないのに、私たちはどうしたらいいんでしょうか」と、当方に自分たちの気持ちを語った。

（介護支援専門員の所見）

　夫婦の話ぶりから、情緒的に混乱しており、自分たちが現在直面している状況を正確に把握できておらず、冷静に判断できていない状態にあると思われる。

　この際の面接では、夫婦の話に丁寧に耳を傾け、その混乱を受け止めることだけにとどめた。面接の終わりには、所属事業所の居宅介護支援の利用者のなかに、胃ろうをつくって在宅で介護している方が数名いることを話し、これからどういうことができるかを夫婦と一緒に考えさせていただきたいと伝えた。夫婦も「よろしくお願いします」と応えた。

201X 年 3 月 11 日 11：00

　胃ろうを造設している利用者の家族の D さんに電話を入れ、胃ろう造設の選択を迫られて困っている方がいることを伝え、「その方に、あなたの介護の様子や体験、お気持ちを話してもらえませんか？」と相談をもちかけた。D さんは、「私の体験で役に立つのなら」と快く了承してくれた。

201X 年 3 月 11 日 16：00

　A さんの息子夫婦に連絡を入れ、「胃ろうをつくって家に帰ってきて、在宅で介護している方に話を聞いてみませんか？」ともちかけた。

　夫婦はこの申し出を了承したので、日程を調整し、D さん宅を一緒に訪ねることになった。

　後刻、D さんに連絡し、3 月 12 日 12：00 に D さん宅を訪ねることが決まった。この件を C さんに連絡した。

201X 年 3 月 12 日 12：00 ～ 13：30

　A さんの息子夫婦とともに D さん宅を訪ねた。介護支援専門員は D さんに丁寧にお礼を述べ、今回の訪問の主旨（A さんの息子夫婦に、胃ろうを造設した父（要介護 5、寝た

きり）を介護している経験を話して
もらいたいこと）を再度話し、Dさ
んから毎日の介護の様子や、胃ろう
をつくった経緯、その時のDさん
の気持ち、家族のなかでの話し合い
などを話してもらった。

　当方は、Dさんの話が息子夫婦に
よく理解できるように、ときどきD
さんの説明をさらに解説するように
口を挟むほかは、Dさんと息子夫婦
の話し合いを見守った。

　Dさんは、「最初は私もびっくり
した。戸惑ったし、不安だった」「胃
ろうにしたあとは退院して、家に連
れて帰ってあげられると思った」
「退院前には胃ろうの管理について、
病院からいろいろ教えてもらった
が、その時にはよくわからなかっ
た」「退院してから、ケアマネさん
と訪問看護師さんにわからないこと
を相談したり、訪問入浴や訪問介護
などのサービスも利用しながら、何
とかやってこれた」など、自分の気
持ちを話してくれた。また、実際に
どのように介護しているのか、栄養
剤を注入する時の方法を見せてくれ
た。

　Aさんの息子夫婦はDさんの話
を聞いて、栄養剤の注入の仕方や器
具の扱い方、あるいは訪問看護師と

のやりとりなど、わからないことは質問し、Dさんの体験を一生懸命受け止めようとしている様子だった。

1時間半ばかりの訪問で、息子夫婦が聞きたいことを聞き終えたので、Dさんに丁寧にお礼を述べて、Dさん宅を辞した。

帰り道、息子夫婦に「いかがでしたか?」と尋ねてみた。息子夫婦からは「あんなふうに世話をするんですね。実際に見せてもらってよかった」「でも、まだ自分たちでできるかどうか、自信はありません」「もう一度、2人でよく話し合ってみます」という返事が返ってきた。

201X年3月16日

Cさんから連絡あり。夫婦で相談し、「私たちも、Dさんの家族のように、何とかやってみたいと思います」と決心することができたこと、胃ろうの造設の提案を受け入れることを病院に伝え、Aさんの退院後は自宅で介護することにしたと主治医に伝えたことを話してくれた。

当方からは、退院後の支援について主治医と相談したい旨を伝え、Cさんから了承を得た。

201X 年 3 月 17 日

　主治医に連絡を取り、病院訪問。状況を説明し、訪問看護の指示書を書いてもらうことになった。

　病棟にて A さんを訪ねる。病棟の担当看護師から院内での A さんへのケアについて説明を受ける。

201X 年 3 月 18 日

　A さん宅を訪問。C さんと訪問看護の事業所の選択について相談する。そして、希望した事業所にサービス依頼を打診し、対応可との返答を得る。

　退院後の生活に向けてケアプランの修正を行う。

201X 年 4 月 4 日

　A さん退院。訪問看護初回利用。訪問看護師の訪問時間に合わせて家庭訪問。A さんは病床訪問した時点よりも顔色がよい様子。C さんも不安そうではあるが、自分から訪問看護師に A さんの病院での様子や入院前の様子を説明したり、質問をしたりと前向きに対応しようとしている様子がうかがえた。

　訪問看護終了後、当方より「困ったことがあれば、何でも、いつでも連絡してください」と伝え、退出する。

201X年4月11日

　Cさんに電話連絡。在宅介護の状況について尋ねる。「何とかやれています」とのこと。訪問看護についても「丁寧に教えてくれるので助かっています」という。介護の疲れは「まだ気を張っているからか、それほど大変とは思わないです」とのこと。

　Cさんの頑張りについてねぎらう。

201X年4月18日

　Cさんに電話連絡。退院から2週間の様子をうかがう。「それなりに慣れてきました」とのこと。困っていることは？「今は相談しないといけないようなことは起こっていないです」という。

201X年5月1日　モニタリング訪問

　退院後に導入した訪問看護、訪問入浴についても特段困ったことはなく利用できているという。訪問看護師との関係も良好であるという。

　次回のケアプランは変更なしで了承を得る。

　この事例はいくつかの学会発表にヒントを得た創作ですが、これを
使ってコーディングを行い、そこで見えてきたものを上手に表すタイ
トルを付けてみる、という演習を学会発表支援塾（一般社団法人日本
ケアマネジメント学会主催の研修会）で行ったことがあります。タイ
トルは中身を表すものですから、演習参加者が読み取った中身、つま
り大切なことは、そのタイトルによって表現されるのです。演習参加
者が語ってくれた、いくつかの例を紹介しましょう。

①例１：「胃ろう造設を余儀なくされた家族の心理的葛藤
の分析」

　この演習参加者は、この事例から介護者家族の心理的葛藤を考えた
いと思ったようです。これは事例研究を進める側の問題意識といえま
す。確かに息子夫婦は大きな葛藤にさらされています。しかし、この
データからはその葛藤は十分に示されていません。自分の問題意識に
引っ張られて、事例に隠れている大切さを十分に読み取り切れていな
いことがわかります。西條は研究する人が自身の「思いを抑えて研究
を進めることが、説得力がある研究につながる」[38]と述べています。

　もし、こうした問題意識をもってこの事例研究をしようとするな
ら、さらに息子夫婦から、どのようなときに、どのような葛藤を体験
したのか、それはなぜか、といった事柄について語りを聞かせてもら
い、それもデータに加えて分析をします。

②例２：「胃ろう造設後の自宅療養介護に悩む介護者に対する体験者からの経験談によるエンパワメント」

　このタイトルからは、体験者からの経験談を聞くことが、介護者家族のパワーを高めた、という読み込みがなされていることがわかります。こうした事例を読み解く観点を得たとすれば、再度「エンパワメント」について調べ直し、その知識を使いながら、この事例の支援のどの部分が、どのように介護者家族をエンパワーしたのかを考えていくことで、未体験の状況に置かれた介護者をどのようにエンパワーしていくことができるのかを述べることができると思います。

③例３：「家族介護者にロールモデルを示すことの有効性～胃ろう造設を悩んでいる家族介護者への支援事例からの考察～」

　このタイトルからは、「ロールモデルを示す」ということが事例のなかに隠れている大切なことだという観点が得られていることがわかります。ロールモデルのもつ力や、その有無がもたらす差異などについて先行研究にあたり、そこから考察を深めれば、ロールモデルをどのように活用することが支援に有効なのかという知見を述べることができると思います。

7 注意すべきこと（倫理的配慮など）

　事例研究はさまざまな研究手法のなかで、最も研究協力者（事例研究を承諾してくれた利用者）のプライバシーを侵害する程度が大きいものです。よって、それを最小限に留めることに留意する必要があります。研究発表をしようとする学会や所属する職能団体で、実践を研究するための倫理基準を定めていますので、それらを遵守することが大切です。ここでは参考までに一般社団法人日本ケアマネジメント学会の研究ガイドラインから、事例研究についての記載を紹介しておきます[39]。

【事例研究】

①匿名性の確保

・事例を用いた研究を行う場合、事例の公表により対象者が特定化されることで対象者に不利益を被ることを防ぐため、匿名性を確保する必要がある。ただし、公表について対象者の了承があり、その社会的必要性が認められる場合は、この限りではない。

・匿名性を確保するには、対象者が特定できないように、援助経過や援助内容を、研究の趣旨が変わらない程度に最低限の加筆修正を行う必要がある。また、その場合には、事例を加筆修正している旨を明示する必要がある。

②事例使用の承諾

・事例を含んだ研究論文を執筆する場合、あるいは事例を含んだ口頭発表をする場合、前もって研究対象者から文書で承諾を得ることを原則とする。また、事例使用について研究対象者から承諾を得ている旨を明示する。

・研究対象者から実名公表の承諾を得ている場合には、その旨を明示する。
・他の研究者が執筆した事例を使用する場合、引用を明示する。
・論文や事例研究としての適性を欠く恐れがある事柄（係争中の事件や利用者と援助者の間に利害関係が生じる可能性のあるもの等）を題材として取り扱うことは極力避ける。

こうした倫理的配慮は、まず発表者自身がガイドラインに述べられている事柄が守れているか、意識して研究を進める必要があります。また事例の使用については、それが公表される範囲（発表のみか、論文執筆か）等についても説明し、研究協力者から承諾を得ることが必要です。その承諾は口頭で行うだけでなく、文書で同意を取ることも大切です。研究者であれば、所属機関の研究倫理委員会に研究内容・方法を明示して倫理審査を請求し、許可を得られたことを発表・論文中に明示します。

倫理問題としてもう１つ、データのねつ造についても触れておきます。大谷は、質的研究においてデータの改ざんとねつ造は容易に行えること、また「インタビュイーが、たった一言、あることを言ったことにしてしまうだけで、論文がずっと書きやすくなる」という誘惑があることを指摘しています（インタビュイー：インタビューを受ける人）。しかし、データの改ざんとねつ造は研究倫理違反であり、それをしてはならない理由として、①質的研究を非科学にする、②研究参加者が読者になったときに気づく可能性がある、③さらに深い分析とそれによる発見の機会を失わせるという３点を挙げています[40]。

8 発表のための
チェックリスト

　研究大会の抄録作成では、字数の制限があります。例えば、抄録集の１頁が割り当てられた分量だとすると、発表本文（タイトル、要約等を除く）の字数は1200字程度になるはずです。それに対して、発表時間は学会によって異なりますが、人が比較的ゆっくり（つまり、聞いている側に聞きやすい速さで）発表原稿を読み上げるとすると、一般的に１分間に300字程度を話すことができるといわれますので、例えば、10分間の発表ならば3000字分の原稿を読み上げることができます。とすると、抄録に書き込んだ原稿に加えて、あと1800字分ほどは抄録原稿で書ききれなかったことを語ることができるわけです。

　実際の発表の準備では、発表する内容（発表原稿）を書いてみたうえで、それを抄録の字数に削っていく作業をすることになると思います。このように、抄録原稿と発表原稿の字数の違いを意識して発表の準備を進めてください。

　そして、抄録の初稿を書き上げたら、以下のような点をチェックしてみてください。この作業が抄録を推敲し、より良いものにするために役立つでしょう。

抄録作成にあたってのチェックリスト

	チェックリスト	✓
1	選んだ事例は「成功事例」か？	
2	発表の概要がイメージできるようなタイトルになっているか？	
3	「研究目的」研究発表をする目的が明確に書けているか？	
4	「研究方法」データ収集の方法が明確に書けているか？	
5	「研究方法」データ分析の方法が明確に書けているか？	
6	「研究方法」倫理的配慮（プライバシーの保護）ができているか？ 　本人・家族に了承を得る。人名は登場順にＡＢＣと振っていく、制度・団体等の固有名詞は使わない等。	
7	「研究方法」行った倫理的配慮が書けているか？	
8	「研究結果」考察に関連するデータ（事例の概要と支援経過）が時系列で、簡潔に書けているか？	
9	「研究結果」考察に関係のない情報まで書いていないか？	
10	「考察・結論」事例・支援経過を分析して分かったこと、明らかになったことが書けているか？　この事例がなぜ重要かが書けているか？	
11	「考察・結論」「結論」は、「研究目的」と対応しているか？	
12	研究の限界を述べているか？	
13	謝辞を述べているか？	
14	引用文献を明示しているか？	

資料：筆者作成

【参考文献】

1）Robert L. Barker（2003）, *THE SOCIAL WORK DICTIONARY 5th ed*, NASW PRESS, p.59

2）岩間伸之（2007）「事例研究の意義」仲村優一ほか監、岡本民夫ほか編『エンサイクロペディア社会福祉学』中央法規出版、736頁

3）小野幸子ほか（2004）「盗食・異食行動がある痴呆性高齢者の援助の検討」『痴呆介護』5（3）、日総研出版

4）ロバート・E・ステイク、油布佐和子訳（2006）「事例研究」N・K・デンジン、Y・S・リンカン編、平山満義監訳、藤原顕編訳『質的研究ハンドブック2巻─質的研究の設計と戦略』北大路書房、103～104頁

5）山本治美「セルフケアへの意欲を失った利用者に対する意図的介入で、行動変容を認めた事例の一考察～プロセスレコードから行動変容へ至る要因を探る～」『日本ケアマネジメント学会第13回大会（新潟大会）抄録集』101頁

6）松崎雅典「家族介護者と支援チームが悪循環に陥った場合の抜け出し方～「例外」（良いところ）探しとコンプリメント技法をもとに～」『日本ケアマネジメント学会第11回大会（広島大会）抄録集』92頁

7）この研究は、私が現在担当している大学院生（現場実践家）の内容です。

8）陣田泰子（2009）「『看護現場学』誕生の経過とその方法、開拓・開発まで」『臨牀看護』35（1）、12

9）日本社会福祉実践理論学会監、米本秀仁ほか編（2004）『事例研究・教育法─理論と実践力の向上を目指して』川島書店、17～23頁

10）ドナルド・ショーン、佐藤学・秋田喜代美訳（2001）『専門家の知恵─反省的実践家は行為しながら考える』ゆるみ出版、114～115頁

11）今泉美佳（2003）『ポスター発表はチャンスの宝庫──一歩進んだ発表のための計画・準備から当日のプレゼンまで』羊土社、21頁

12）山本澄子（2014）「研究論文の書き方（3）文章構成力も身につける」『バイオメカニズム学会誌』38（3）、220頁

13）西條剛央（2008）『ライブ講義・質的研究とは何か（SCQRM アドバンス編）』新曜社、74頁

14）D・H・バーロー・M・ハーセン、高木俊一郎・佐久間徹監訳（1993）『一事例の実験デザイン─ケーススタディの基本と応用』二瓶社

15）アメリカ心理学会（2004）『APA 論文作成マニュアル』医学書院、21頁

16）日本ソーシャルワーク学会監（2019）『ソーシャルワーカーのための研究ガイドブック─実践と研究を結びつけるプロセスと方法』中央法規出版、133頁

17）ただし、質的研究の立場によっては、事前に仮説を立てることで分析・考察をその仮説に合わせるように思考してしまう危険性から、仮説を立てずにデータ分析を行うというものもある。

18）西條剛央（2008）『ライブ講義・質的研究とは何か（SCQRM アドバンス編）』新曜社、80～81頁

19）河合隼雄（1986）「事例研究の意義と問題点」『心理療法論考』新曜社、291頁

20）ウヴェ・フリック（2002）『質的研究入門』春秋社、398頁

21）トーマス・A・シュワント（2009）『質的研究用語事典』北大路書房、117頁

22）ロバート・K・イン、近藤公彦訳（2011）『新装版 ケーススタディの方法 第2版』千倉書房

23）S・B・メリアム、堀薫夫ほか訳（2004）『質的調査入門』ミネルヴァ書房、49頁

24）日本社会福祉実践理論学会編（2004）『社会福祉実践基本用語辞典』川島書店

25）ロバート・E・ステイク、油布佐和子訳（2006）「事例研究」N・K・デンジン、Y・S・リンカン編、平山満義監訳、藤原顕編訳『質的研究ハンドブック2巻─質的研究の設計と戦略』北大路書房、118頁

26）山本力・鶴田和美編著（2001）『心理臨床家のための「事例研究」の進め方』北大路書房、16頁

27）千葉真理子（2007）「社会福祉研究におけるケーススタディの現状」『現代社会研究科論集』（1）、84頁

28）佐藤雅昭・和田洋巳・中村隆之（2004）『流れがわかる学会発表・論文作成 How to』メディカルレビュー社、27～29頁を一部改変

29）大谷尚（2007）「4ステップコーディングによる質的データ分析手法 SCAT の提案─着手しやすく小規模データにも適用可能な理論化の手続き」『名古屋大学大学院教育発達科学研究科紀要（教育科学）』54（2）

30）田中千枝子編集代表・日本福祉大学大学院質的研究会編（2013）『社会福祉・介護福祉の質的研究法─実践者のための現場研究』中央法規出版、木下康仁（2007）『ライブ講義 M-GTA 実践的質的研究法─修正版グラウンデッド・セオリー・アプローチのすべて』弘文堂、西條剛央（2007）『ライブ講義質的研究

とは何か（SCQRM ベーシック編）』新曜社、西條剛央（2008）『ライブ講義・質的研究とは何か（SCQRM アドバンス編）』新曜社

31）佐藤雅昭・和田洋巳・中村隆之（2004）『流れがわかる学会発表・論文作成 How to』メディカルレビュー社、135頁

32）内田陽子（2015）『楽しくできるわかりやすい看護研究論文の書き方』照林社、50頁

33）キャロル・L・マクニー、小山眞理子監訳（2008）『実践に活かす看護研究─量的・質的研究デザインと統計手法を理解する』中山書店、37頁

34）ロバート・E・ステイク、油布佐和子訳（2006）「事例研究」N・K・デンジン、Y・S・リンカン編、平山満義監訳、藤原顕編訳『質的研究ハンドブック2巻─質的研究の設計と戦略』北大路書房、109頁

35）谷津裕子（2010）『Start Up 質的看護研究』学研メディカル秀潤社、162頁

36）谷津裕子（2010）『Start Up 質的看護研究』学研メディカル秀潤社、160 〜 163頁

37）住政二郎（2014）「質的研究を考える─概念、評価、方法─」『外国語教育メディア学会（LET）関西支部メソドロジー研究部会2014年度第5号報告論集』53頁

38）西條剛央（2007）『ライブ講義・質的研究とは何か（SCQRM ベーシック編）』新曜社、70 〜 71頁

39）日本ケアマネジメント学会研究ガイドラインは、学会誌『ケアマネジメント学』に掲載。

40）大谷尚（2019）『質的研究の考え方─研究方法論から SCAT による分析まで』名古屋大学出版会、229 〜 232頁

【考察の練習（例）】

　参考までに、132ページで行った一行毎のコーディングの例を示しておきます。ただし、これを正解とは捉えないでください。事例のなかにはさまざまな要素が隠れています。そのなかで、今自分が行おうとしている事例研究では何が幹になるのかを整理するための作業だと考えてください。

　分析のためには、まずテキスト（事例）を何度も読み込んで、気になること、ここに大事なことが隠れていそうだなと思うところに下線、あるいはマーカーを入れてきます（①）。そして、その下線／マーカーを入れた部分の意味を考えるわけですが、これがなかなか難しい作業になります（②）。

　今回の事例では、この支援が上手くいったわけを、介護支援専門員側の働きかけのなかからつかみ出そうと考えました。そのため、「②線を引いた部分の意味を考えてみる」は当然、介護支援専門員が何をしているのかという視点から、その意味を考えて、言葉で表現しています。

　しかし、もしこの事例を家族介護者（BさんCさん）の立場から考えようとすれば、解釈の内容は変わってくるはずです。この事例に記されている一連の出来事、つまり家族介護者が「困難な状況に直面したけれども、何とかそれに対処することができた」という体験を、それがなぜできたのか？　それにはどういった要因がどのように関係していたのか？　という視点から読み解こうとすれば、②に書き込む解釈の内容は変わってきます。

　事例研究は、多くの場合、事例が先にあり、後からその意味を考えようとする作業となります。時には、事例を読み込み、解釈作業を進めていくうちに、考えようとすることが変わってくることもあると思います。そういうことも含めて、最初は事例を何度も読み返し、その

なかから読み取れること、感じ取れることを書き出していってください。そして、その書き出したことが「本当に、そのように解釈できるのか？」「他に、違う意味には考えられないか？」と自問しながら、解釈作業を進めていってください。下記の例が、そうした作業をするうえでの、ちょっとしたヒントになれば幸いです。

【事例を解釈する作業（例）】

①大切だと思う部分に線を引いてみる	②線を引いた部分の意味を考えてみる
201X年3月10日　要介護5で寝たきりのAさん（85歳、女性、要介護5）は、現在誤嚥性肺炎で入院中である。Aさんの息子（Bさん55歳、会社勤務）の妻（Cさん54歳、専業主婦）から相談があるという連絡を受け、翌日に相談の時間を取る約束をした。	
201X年3月11日09：00〜10：00　約束の時間にBさんとCさんが当事業所に来所した。Bさんは時間有給を取ってこられたとのこと。　Aさんの入院時に、主介護者であるCさんから、夫婦は状態が落ち着いたら、Aさんを家に連れて帰って、在宅で介護したいという思いをもっていることはうかがっていた。　夫婦の話は以下のようなものであった。	退院後も在宅介護を継続する意志

Aさんが口からの摂食が困難になってきたため、主治医から胃ろうの造設をすすめられた。医師からは胃ろうを造設して、状態が安定したら退院し、自宅療養することができると説明を受けた。しかし、どうしたらいいのかわからなくなったので、入院前に担当していた当方（担当介護支援専門員）に相談をすることにしたという。

要介護者本人の状態変化（悪化）。
治療方針と予後の説明を受ける。

状況に対する対処方法がわからない。危機。
援助希求力がある。

夫婦は「お腹に管が入っているなんて、そんなのかわいそう。病院はひどいことを言う」「前と同じくらいにまで回復して退院してくると思ったのに」「そんな状態では、私たちは世話できません。家に連れて帰ってくることはできません」「病院にずっと置いてくれるわけでもないのに、私たちはどうしたらいいんでしょうか」と、当方に自分たちの気持ちを語った。

医師の説明の意味が理解できていない。
情緒的混乱、怒り。
想定していた状況との違いに困惑。
自分たちの力では対処できない。

病院に対する不信感。
直面した状況に対する混乱。

（介護支援専門員の所見）
夫婦の話ぶりから、情緒的に混乱しており、自分たちが現在直面している状況を正確に把握できておらず、冷静に判断できていない状態にあると思われる。
この際の面接では、夫婦の話に丁寧に耳を傾け、その混乱を受け止め

困惑している状況を言語化し、感情の処理を助ける。

ることだけにとどめた。面接の終わりには、所属事業所の居宅介護支援の利用者のなかに、胃ろうをつくって在宅で介護している方が数名いることを話し、これからどういうことができるかを夫婦と一緒に考えさせていただきたいと伝えた。夫婦も「よろしくお願いします」と応えた。

似た状況に置かれている人の存在を知らせる。
問題解決のための協働関係構築を提案する。

201X年3月11日11：00
　胃ろうを造設している利用者の家族のDさんに電話を入れ、胃ろう造設の選択を迫られて困っている方がいることを伝え、「その方に、あなたの介護の様子や体験、お気持ちを話してもらえませんか？」と相談をもちかけた。Dさんは、「私の体験で役に立つのなら」と快く了承してくれた。

問題解決の動機づけがあることを確認。ワーカビリティ高い（？）。ストレングス（？）

協力者（同様の状況を体験した人）へのアプローチ。
協力の打診。
協力してもらいたい内容の明確化。

201X年3月11日16：00
　Aさんの息子夫婦に連絡を入れ、「胃ろうをつくって家に帰ってきて、在宅で介護している方に話を聞いてみませんか？」ともちかけた。
　夫婦はこの申し出を了承したので、日程を調整し、Dさん宅を一緒に訪ねることになった。
　後刻、Dさんに連絡し、3月12日12：00にDさん宅を訪ねること

置かれた状況について考える機会を提案。
同様の状況を経験した人から経験を聞く機会をもつ。
問題解決に向けた行動を起こす力あり。

協力者（同様の状況を体験した人）側との調整。

が決まった。この件をＣさんに連絡した。

スケジュール調整。

201Ｘ年３月12日12：00〜13：30
　Ａさんの息子夫婦とともにＤさん宅を訪ねた。介護支援専門員はＤさんに丁寧にお礼を述べ、今回の訪問の主旨（Ａさんの息子夫婦に、胃ろうを造設した父（要介護５、寝たきり）を介護している経験を話してもらいたいこと）を再度話し、Ｄさんから毎日の介護の様子や、胃ろうをつくった経緯、その時のＤさんの気持ち、家族のなかでの話し合いの内容などを話してもらった。

協力者への感謝の表明。
介護者（被援助者）にこの面談の意図をそれとなく伝える。
協力者に被援助者が状況を理解し、判断するために必要な情報の提供を求める。

　当方は、Ｄさんの話が息子夫婦によく理解できるように、ときどきＤさんの説明をさらに解説するように口を挟むほかは、Ｄさんと息子夫婦の話し合いを見守った。

被援助者の理解が促進されるための通訳の役割。

　Ｄさんは、「最初は私もびっくりした。戸惑ったし、不安だった」「胃ろうにしたあとは退院して、家に連れて帰ってあげられると思った」「退院前には胃ろうの管理について、病院からいろいろ教えてもらったが、その時にはよくわからなかった」「退院してから、ケアマネさんと訪問看護師さんにわからないことを相談したり、訪問入浴や訪問介護

被援助者のペースを邪魔しない。
ペースに合わせた伴走（？）。
体験者の抱いた不安、困惑の感情。
体験者の胃ろう造設への意味づけ。
退院前教育だけでは不十分だった。

退院後の専門職からの助力が有効。
サービスを利用することで在宅介護を続けられる。

などのサービスも利用しながら、何とかやってこれた」など、自分の気持ちを話してくれた。また、実際にどのように介護しているのか、栄養剤を注入する時の方法を見せてくれた。

言葉の説明だけでなく、実際を目の当たりにする。

Aさんの息子夫婦はDさんの話を聞いて、栄養剤の注入の仕方や器具の扱い方、あるいは訪問看護師とのやりとりなど、わからないことは質問し、Dさんの体験を一生懸命受け止めようとしている様子だった。

機会を活かして問題解決に役立てようとする力。

1時間半ばかりの訪問で、息子夫婦が聞きたいことを聞き終えたので、Dさんに丁寧にお礼を述べて、Dさん宅を辞した。

協力者への感謝の表明。

帰り道、息子夫婦に「いかがでしたか?」と尋ねてみた。息子夫婦からは「あんなふうに世話をするんですね。実際に見せてもらってよかった」「でも、まだ自分たちでできるかどうか、自信はありません」「もう一度、2人でよく話し合ってみます」という返事が返ってきた。

体験したことについての被援助者の受け止め（理解）の確認。
体験を肯定的に評価している。

情報は得たが、まだ不安。
得た情報を咀嚼しようとしている。

201X年3月16日

Cさんから連絡あり。夫婦で相談し、「私たちも、Dさんの家族のように、何とかやってみたいと思います」と決心することができたこと、

解決のための努力をすることの意思表明。

胃ろうの造設の提案を受け入れることを病院に伝え、Ａさんの退院後は自宅で介護することにしたと主治医に伝えたことを話してくれた。

当方からは、退院後の支援について主治医と相談したい旨を伝え、Ｃさんから了承を得た。

解決のための努力をすることの意思表明。

今後の支援体制構築のための行動に対する許諾を得る。

201X年3月17日

主治医に連絡を取り、病院訪問。状況を説明し、訪問看護の指示書を書いてもらうことになった。

病棟にてＡさんを訪ねる。病棟の担当看護師から院内でのＡさんへのケアについて説明を受ける。

退院後の支援の準備（？）。主治医への支援依頼。

退院後の支援の準備（？）。看護師からの情報収集。

201X年3月18日

Ａさん宅を訪問。Ｃさんと訪問看護の事業所の選択について相談する。そして、希望した事業所にサービス依頼を打診し、対応可との返答を得る。

退院後の生活に向けてケアプランの修正を行う。

退院後の支援の準備（？）。サービス選択の支援。
サービス提供機関との調整。

ケアプランの修正。

201X年4月4日

Ａさん退院。訪問看護初回利用。訪問看護師の訪問時間に合わせて家庭訪問。Ａさんは病床訪問した時点よりも顔色がよい様子。Ｃさんも不

モニタリング。
利用者の状態の確認。
介護者の状況への適応状況を確認。

安そうではあるが、自分から訪問看護師にＡさんの病院での様子や入院前の様子を説明したり、質問をしたりと前向きに対応しようとしている様子がうかがえた。

　訪問看護終了後、当方より「困ったことがあれば、何でも、いつでも連絡してください」と伝え、退出する。

SOS発信の扉を開いておく。

201X年4月11日

　Ｃさんに電話連絡。在宅介護の状況について尋ねる。「何とかやれています」とのこと。訪問看護についても「丁寧に教えてくれるので助かっています」という。介護の疲れは「まだ気を張っているからか、それほど大変とは思わないです」とのこと。

介護者の状況への適応状況を確認。

提供されたサービスの質の確認。

リスク要因の確認。

　Ｃさんの頑張りについてねぎらう。

介護者へのねぎらい。

201X年4月18日

　Ｃさんに電話連絡。退院から2週間の様子をうかがう。「それなりに慣れてきました」とのこと。困っていることは？「今は相談しないといけないようなことは起こっていないです」という。

モニタリング。

介護者の状況への適応状況を確認。
リスク要因の確認。

201X年5月1日　モニタリング訪問
　退院後に導入した訪問看護、訪問入浴についても特段困ったことはなく利用できているという。訪問看護師との関係も良好であるという。
　次回のケアプランは変更なしで了承を得る。

その後
　現在、Aさんは訪問看護と訪問介護、訪問入浴のそれぞれのサービスを利用しながら、息子夫婦の介護を受けて、在宅で生活をしている。

モニタリング。
サービスの有効性の確認。

介護者とサービス提供者の関係性の把握。
ケアプラン変更の要否の意思確認。

モニタリング。

【抄録原稿の作成例】

タイトル：

胃ろう造設に悩む介護者への支援におけるピアサポート機能の有効性

〜同じ状況を経験した人の経験を分かち合うことで意思決定を支援できた事例から〜

氏名・所属・会員番号：

京都太郎（花園居宅介護支援事業所）　会員番号：○○○○

要旨：

　主治医から胃ろう造設を提案されて悩む家族介護者から相談を受け、同じ状況を体験した他の家族介護者から体験を聞く機会をつくることで、状況の受け止め・吟味・決定のプロセスを支援することができた。このことから、同じような体験をしている人と引き合わせ、その体験を分かち合えるような場を設けるという支援方法が、家族の主体的な意思決定を支える手法として有効であるといえる。

本文：

Ⅰ　研究目的

　今回、胃ろう造設の提案を受け混乱する家族介護者に対してピアサポート機能を活用して支援を行うことができたので、その有効性を考察、発表する。

Ⅱ　研究方法

（１）データ収集の方法　事例研究。支援経過記録を分析対象のデータとした。

（２）データ分析の方法　事例の省察。

（３）倫理的配慮　介護者家族に研究内容を説明し、支援経過の活用を依頼し、文書により承諾を得た。また、事例は個人が特定できないよう、事例の本質を変えない程度に修正している。

Ⅲ　研究結果

（１）事例の概要　Ａさん（80歳代、女性、要介護５）。Ａさんの息子夫婦（Ｂさん50歳代会社員、Ｃさん50歳代専業主婦）と同居しているが、誤嚥性肺炎で入院中。ＢさんＣさん（以下夫婦）より担当介護支援専門員に相談があると連絡があり、当事業所にて相談を受けた。

（２）支援経過

201Ｘ年３月11日　来所相談。主治医から胃ろうを造設されたが、どうしたらいいのかわからない。夫婦の訴えを傾聴する。

　　　　面接終了後、胃ろう造設している利用者の家族のＤさんに事情を説明し、夫婦に

体験を語ってもらうことを打診、快諾を得る。夫婦とＤさん宅への訪問の調整を行う。

201X年3月12日　夫婦とともにＤさん宅を訪問。Ｄさんから毎日の介護の様子や、胃ろう造設の経緯、その時のＤさんの気持ち、家族のなかでの話し合いの内容などを話してもらう。

201X年3月16日　Ｃさんから胃ろうの造設の提案を受け入れる決心がついたと連絡あり。

201X年3月17日　主治医に連絡を取り、病院訪問。訪問看護の指示書を書いてもらう。病棟の担当看護師から院内でのＡさんへのケアについて説明を受ける。

201X年3月18日　Ａさん宅を訪問。退院後の生活に向けてケアプランの修正を行う。

その後　現在、Ａさんは訪問看護と訪問介護、訪問入浴のそれぞれのサービスを利用しながら、息子夫婦の介護を受けて、在宅で生活をしている。

Ⅳ　考察および結論

　夫婦は、胃ろうを造設した親を介護する人の体験に触れることで「胃ろうを造設して、在宅で介護をする」という意思決定につながったと考えられる。このことから、同じような体験をしている人と引き合わせ、その体験を分かち合えるような場を設けるという支援方法が、家族の主体的な意思決定を支える手法として有効であるといえる。

　なお、本研究は1事例の事例研究であり、本研究結果がすべての事例に適用できるとはいえない。これが本研究の限界である。

【発表原稿の作成例】

タイトル： 　胃ろう造設に悩む介護者への支援におけるピアサポート機能の有効性 　〜同じ状況を経験した人の経験を分かち合うことで意思決定を支援できた事例から〜
氏名・所属・会員番号： 　京都太郎（花園居宅介護支援事業所）　会員番号：○○○○

1．研究の目的

　ケアマネジメントは利用者のニーズと社会資源を結びつける支援方法である。しかし、資源活用には利用者が直面している生活の現状を受け止め、そのうえで解決方法として提案された社会資源の活用を吟味、決定していくプロセスが必要である。特に、利用者が現状を受け止めきれない状態であるとき、受け止め・吟味・決定のプロセスへの支援が必要となる。この際、専門職による支援だけでなく、同じ状況にいる人からの支援（仲間からの支援）の有効性は精神障害者支援等の領域で[1]、また近年では認知症高齢者と家族の支援においても重要視されてきている[2]。今回、胃ろう造設の提案を受け混乱する家族介護者に対してピアサポート機能を活用して支援を行うことができたので、その有効性を考察、発表する。

2．研究の方法

（1）データ収集の方法　研究方法は事例研究とし、データは利用者の支援経過記録をもとに、利用者の状況と介護支援専門員の働きかけ、その結果等を書き起こし、分析対象のデータとした。

（2）データ分析の方法　書き起こしたテキストを何度も読み返し、ピアサポートの有効性という観点から行った支援と介護者家族の変化に着目し、その意味や支援の有効性について省察した。

（3）倫理的配慮　家族介護者に研究の目的と方法を説明し、支援経過を活用することを依頼し、文書により承諾を得た。また、事例は個人が特定できないよう、事例の本質を変えない程度に修正している。

3．結果

（1）事例の概要　Aさん（80歳代、女性、要介護5）。Aさんの息子夫婦（Bさん50歳代会社員、Cさん50歳代専業主婦）と同居しているが、誤嚥性肺炎で入院中である。BさんCさん（以下夫婦）より担当介護支援専門員に相談があると連絡があり、当事業所にて相談を受けることになった。

（2）支援経過

201X年3月11日　夫婦が当事業所に来所。主訴は「主治医から胃ろうを造設して、状

態が安定したら退院し、自宅療養することができると説明を受けた。しかし、どうしたらいいのかわからなくなった」という。夫婦は「お腹に管が入っているなんて、そんなのかわいそう。病院はひどいことを言う」「前と同じくらいにまで回復して退院してくると思ったのに」「そんな状態では、私たちは世話できません。家に連れて帰ってくることはできません」「病院にずっと置いてくれるわけでもないのに、私たちはどうしたらいいんでしょうか」と、当方に自分たちの気持ちを語る。担当介護支援専門員は夫婦が情緒的に混乱しており、現在の状況を冷静に判断できない状態にあると判断し、傾聴に努めた。面接の最後に、所属事業所の居宅介護支援の利用者の中に、胃ろうをつくって在宅で介護している方が数名いることを話し、これからどういうことができるかを夫婦と一緒に考えさせていただきたいと伝え、了承を得た。

　面接終了後、胃ろうを造設している利用者の家族のDさんに電話を入れ、胃ろう造設の選択を迫られて困っている方がいることを伝え、介護の様子や体験、お気持ちを話してもらえないかと打診し、快諾を得た。そのことを夫婦に連絡し、Dさん宅への訪問の調整を行った。

201X年3月12日　夫婦とともにDさん宅を訪問。Dさんから毎日の介護の様子や、胃ろう造設の経緯、その時のDさんの気持ち、家族のなかでの話し合いの内容などを話してもらう。Dさんは、「最初は私もびっくりした。戸惑ったし、不安だった」「退院前には胃ろうの管理について、病院からいろいろ教えてもらったが、その時にはよくわからなかった」「退院してから、ケアマネさんと訪問看護師さんにわからないことを相談したり、訪問入浴や訪問介護などのサービスも利用しながら、何とかやってこれた」など、自分の気持ちを話してくれた。また、実際にどのように介護しているのか、栄養剤を注入する時の方法を見せてくれた。夫婦はDさんの話を聞いて、栄養剤の注入の仕方や器具の扱い方、あるいは訪問看護師とのやりとりなど、わからないことは質問し、Dさんの体験を一生懸命受け止めようとしている様子だった。

201X年3月16日　Cさんから連絡あり。「私たちも、Dさんの家族のように、何とかやってみたいと思います」と決心することができたこと、胃ろうの造設の提案を受け入れることを病院に伝え、Aさんの退院後は自宅で介護することにしたと主治医に伝えたと話してくれた。

201X年3月17日　主治医に連絡を取り、病院訪問。状況を説明し、訪問看護の指示書を書いてもらうことになった。病棟にてAさんを訪ねる。病棟の担当看護師から院内でのAさんへのケアについて説明を受ける。

201X年3月18日　Aさん宅を訪問。退院後の生活に向けてケアプランの修正を行う。

201X年4月4日　Aさん退院。訪問看護初回利用。訪問看護師の訪問時間に合わせて

家庭訪問。

201X 年４月11日　Ｃさんに電話連絡。在宅介護の状況について尋ねる。「何とかやれています」とのこと。Ｃさんの頑張りについてねぎらう。

201X 年４月18日　Ｃさんに電話連絡。退院から２週間の様子をうかがう。「それなりに慣れてきました」とのこと。現状で困っていることはないという。

201X 年５月１日　モニタリング訪問。退院後に導入した訪問看護、訪問入浴についてもうまく利用できており、訪問看護師との関係も良好である。次回のケアプランは変更なし。

その後　現在、Ａさんは訪問看護と訪問介護、訪問入浴のそれぞれのサービスを利用しながら、息子夫婦の介護を受けて、在宅で生活をしている。

４．考察および結論

　ピアサポート機能には、①認知の再構築、②仲間の体験を知ることで体験的知識を得る、③ヘルパーセラピー原則、④社会化への体験の４つがある[3]。この事例ではＢさん、Ｃさん夫婦は、胃ろうを造設した親を介護するＤさんの体験に触れることで①胃ろう造設後の介護についての認知の再構築、②Ｄさんの介護体験を通じて胃ろうの介護の体験的知識を得ており、そのことが「胃ろうを造設して、在宅で介護をする」という意思決定につながったと考えられる。このことから、同じような体験をしている人と引き合わせ、その体験を分かち合えるような場を設けるという支援方法が、家族の主体的な意思決定を支える手法として有効であるといえる。

　なお、本研究は１事例の事例研究であり、本研究結果がすべての事例に適用できるとはいえない。これが本研究の限界である。

1　大石由起子他（2007）「ピアサポート・ピアカウンセリングにおける文献展望」『山口県立大学社会福祉学部紀要』13

2　認知症介護研究・研修仙台センター（2020）『認知症の当事者と家族を一体的に支援する 支援プログラムのあり方に関する調査研究事業報告書』６頁

3　高畑隆（2009）「ピアサポート - 体験者でないと分からない」『埼玉県立大学紀要』11、83頁

第 4 部

抄録を
書いてみよう
〜研究発表に向けて〜

抄録は学会で発表される研究内容の「筋書」を知ることができます。要旨を読むことにより学会参加者が、聞きたい演題、自分の関心があるテーマなどを事前に選ぶことができます。

　また、抄録を読んでおくことによって、さらに知りたいことなどを質問したり意見交換するための準備が可能となります。抄録を書く際には、聞く側の立場になって準備をするとよいでしょう。

　抄録は論文の抜き書きのようなもので、発表する学会の規定に合わせて提出をしますが、概ね「要旨」「目的」「方法」「結果」「考察および結論」という５つで構成されています。

「要旨」
なぜこの研究を行ったのか、その背景や研究方法とその結果、結論までを簡潔に規定の文字数で記載します。学会の参加者は、この要旨を読むことで研究の大まかな内容を知ることができます。

「目的」
この研究を通じて何を明らかにしたいのか、この研究を行うことの必要性がどこにあるのかなど、日頃の実践を研究により実証し、明らかにしたいことを記述します。

「方法」
調査研究、介入研究、事例研究など、どの方法による研究なのかを記述します。

「結果」
研究目的に沿った結果や調査により得られた結果を簡潔に説明します。結果は常に事実を客観的に表現し記載することが重要です。

「考察および結論」
今回の研究で得られた結果に基づいた解釈をします。研究目的に沿った考察をすることが重要です。また考察からは研究から得られた結果により普遍化できることや今後の課題などを記載します。

　限られた文字数の中で以上の５点を客観的な視点で書き表す必要があります。

1 研究発表の意義

　現在、保健・医療・福祉の専門分野においては、日々新たな研究成果が発表され、その科学的妥当性などについて検討論議する学会や大会が活発に展開されています。このため、日頃から研究や学問および実践に従事されている人は、学会や大会の開催時に自ら応募して、あるいは依頼されて研究発表を行うことがあると思います。

　学会等において研究発表を行う手法としては、会場における口頭発表や大会誌等への掲載などがありますが、その際、研究発表の内容を簡潔にまとめた資料として「抄録」の提出を求められることが多くみられます。この抄録とは、研究の発表者（以下、「発表者」）自身が研究や実践を行った成果の内容を簡潔に要約・抜粋して作成するものであり、その際の様式等については主催者から指定されることが一般的です。そして、発表者が、学会等において自らの研究や実践の成果を発表するには、大会誌への掲載募集等に応募することや大会主催者からの口頭発表の依頼を承諾することなどが求められます。

　一般的に大会誌への掲載募集等については、応募の段階で自らの研究や実践の内容を抄録にまとめたうえで応募することが求められますが、大会主催者の依頼による場合は、発表者がその依頼を承諾したときから抄録の作成が始まります。いずれの場合も、自らの研究や実践の成果が学会・大会の趣旨・テーマに合致しているか、また、その参加者にとって有益であるかなど、応募あるいは承諾の段階で十分に確認しておく必要があります。

　例えば、筆者が所属している一般社団法人日本ケアマネジメント学会では、研究ガイドラインで「学会・研究会等で研究発表を行う場合

は、その内容がケアマネジメント学及びケアマネジメント実践の向上に寄与するという自覚をもって行わなければならない」と規定されており、発表者が研究発表を通して社会に貢献していくという自覚が求められています。

とはいえ、あれこれ考えすぎて尻込みする必要はありません。学会や大会への研究や実践等の成果の提供と参加は、大きな経験となってその後の実践にも必ず活きてきますので、気負わずに、むしろ積極的に取り組んでいくことのほうが大切です。

特に、相談援助職など実践家の立場からの研究発表は、実際に現場で活動する実践家にしかわからない課題も多いことから、より良い社会保障制度やケアマネジメント、社会資源などを構築していくうえで大変大きな意義があります。

また、発表者が提起する課題や提案等に対して、学識経験者や同じ立場の専門職等から客観的な評価や承認を得ることで、専門職としての成長が促され資質の向上にもつながるでしょう。このため、例えば、「主任介護支援専門員」の更新研修の受講要件に「日本ケアマネジメント学会が開催する研究大会等において演題発表等の経験のある者」と位置づけられていたり、「認定上級社会福祉士」の取得要件にも基準を満たした論文発表または認められた学会における学会発表をしていることが位置づけられているところです。

このような意味において、学会などの研究発表における大学やシンクタンク等の研究者による評価や研究と相談援助職等の実践家による事例発表や課題提起は車の両輪であるといえます。ですから、現場の実践家のなかには、学会での発表は敷居が高いと感じている人も少なくないと思われますが、ぜひ積極的に大会誌への抄録の寄稿や口頭発表、ポスター発表等に挑戦してもらいたいと思います。

図 4-1　実践家が研究発表を行う意義

研究発表の内容	研究発表の手段
・自ら携わった事例の展開 ・新たな社会的課題等の提起 ・自ら調査した結果等の報告 ・ケアマネジメント等の提案	・大会誌等への抄録掲載 ・口頭発表 ・ポスター発表

効果	・発表者個人の成長⇒専門職としての資質の向上
	・制度や業界全体のレベルアップ⇒サービスの向上

column　実践研究を推奨する実践現場でありたい

　ある居宅介護支援事業所は、医療法人が経営しており他にも病院、診療所、介護保険サービス等さまざまな部署があります。その法人では、医師、看護師、栄養士、介護支援専門員等々、職員の誰であっても研究発表をする際には、理事長に抄録や発表原稿を提出して見てもらうルールがあります。そして、提出した原稿は、後日、真っ赤に修正されて戻ってくるのだそうです。

　また、ある社会福祉法人では、法人全体でそれぞれの事業所が研究発表に取り組んでいます。この法人は「自分たちの実践を研究し、発表することが実践の質を高める」と考え、こうした取り組みを続けているそうです。

　私たちも、自分が実践研究に取り組むだけでなく、自分の所属する事業所の後輩や部下に実践研究を勧めたり、そのサポートをする、そんな人になりたいものです。

2 抄録作成の流れ

　学会等への研究発表を決意したら、抄録の提出期限を確認して抄録作成のための流れを組み立てましょう。抄録は、冒頭で解説したとおり、研究発表内容の抜き書きとなります。

図 4-2 抄録作成の流れ（例）

学会発表を決意する（主催者の依頼を承諾する）

主催者が示す抄録の様式提出期限を確認する

研究発表のテーマを決める

事例を抽出して論文を作成する

抄録の様式に沿ってタイトル、要旨、本文にまとめる

倫理的配慮を含め全体的に見直す

期限内に提出する

　多忙ななかで事例をまとめて抄録として完成させることは簡単ではありません。抄録の作成では、いつまでにどのようなことを行うのか、明確にして取り組むことが有効です。

3 研究発表のテーマを 決める

1 明確な課題意識をもつ

　学会誌等に掲載される抄録については、学会等の場における研究発表となりますので、基本的に学術的な意義と体裁が求められることとなります。広辞苑で「学術」という言葉を調べると「学問にその応用を含めていう語」とあり、同じく「学問」については「一定の倫理に基づいて体系化された知識と方法、哲学・史学・文学・社会科学・自然科学などの総称」とあります。したがって、抄録に求められる学術的な意義と体裁とは、その学会で研究されている専門的な分野における学問の応用であることと一定の倫理に基づいて体系化されていることであるといえます。

　また、研究成果を社会に発表するという点において、それが社会の役に立つ公益性をもっていることやこれからの社会を動かしていくための新規性や先駆性をもっていることなども重要な要素となります。このため、「このような新たな取り組みが〇〇に有効であった」「現行の制度では、このような困難への対応はできないので、このような新たな対策が必要である」など、研究発表を行うにあたっては明確な課題意識をもつことが大切です。

　学会主催の研究大会等は、その都度テーマを掲げて開催されることが多いため、大会誌等への抄録掲載に応募するにあたっては、自分の研究テーマが大会テーマに合致していることが求められます。

　また、主催者の依頼に応じて口頭発表等を行う場合についても、例えば、シンポジウムやパネルディスカッションなどについては、全体

の方向性における発表者の立ち位置などを明確にする必要があること
から、主催者が意図する方向性を理解したうえでふさわしいテーマを
選択することが必要です。ただし、研究発表は主催者のために行うも
のではなく、発表者自身が今の社会を少しでもより良くするためな
ど、さまざまな思いを抱いて、自由な意思に基づいて行う活動である
といえます。ですから、研究発表テーマの設定についても、発表者の
意思が最優先されるべきであり、大会等のテーマと完全にリンクして
いなくても、大きな方向性に誤りがないと判断した場合は決して尻込
みする必要はなく、果敢に挑戦してほしいです。

　本書では、事例研究をベースにしていますので、ここからは、事例
を基に研究発表を行う際の抄録の書き方について解説していきます。

　相談援助職等の実践家が、事例を基に研究発表する際のテーマとし
ては、例えば、**表4−1**のようなものが考えられますが、その際、独
自性や先駆性があり、共感が得られる多くの「気づき」が含まれるも
のがよいと思います。

② テーマの検討

　研究発表テーマを作成する際は、研究発表の内容がどのようなこと
を目指しているのか、この研究ではどのようなことに取り組み、どの
ような課題を明らかにしたいのかなど、研究発表の内容を短い文章で
具体的に表現することが大切です。

　テーマの具体的な作成方法としては、研究発表を通して自分がどの
ようなことを主張したいのか、その背景としてどのような課題がある
のか、次の例のように関連する事柄について思いつくままに箇条書き
してみることをお勧めします。

　そのうえで、特に欠かせないと思われる部分に下線を引くなどし

て、テーマとして一文にまとめます。テーマは、これから抄録の本文を作成するうえで「背骨」となるものですから、研究発表が有するべき公益性や先駆性などをしっかりと盛り込みましょう。

表4-1 テーマの背景（例1）

- 1人暮らしの高齢者が認知症を発症した場合、地域包括支援センター等に相談がつながったときには、他人を自宅に入れることを頑なに拒むなど支援への取りかかりが困難であることが多い。
- このような高齢者に必要なサービスを導入するには、担当の介護支援専門員等が何度も訪問して地道に顔なじみの関係をつくることが求められる。
- また、いったんサービスが導入されても、認知症高齢者の1人暮らしには多くのリスクがあり、認知症の進行に伴いサービスの継続が困難となることも少なくない。
- 一方、小規模多機能型居宅介護は、訪問、通所、宿泊を利用者のニーズに合わせて柔軟に提供でき、1人暮らしの認知症高齢者の在宅支援に有効なサービスといえる。
- しかしながらこのサービスを導入した場合、これまでの介護支援専門員の担当から外れることとなるため、サービスの特性も十分に理解されておらず、サービスがあまり普及していない現状がある。

背景を踏まえてまとめたテーマ1

- 小規模多機能型居宅介護が有する柔軟なサービス形態は、1人暮らしの認知症高齢者の在宅支援の拡充を図るうえで有効な手段となることを介護支援専門員等にもっと知ってもらうことで事業の普及を図る。

表 4-2 テーマの背景（例2）

- 1人暮らしの高齢者が認知症を発症した場合、担当介護支援専門員は、さまざまなリスクと活用できるサービスを専門的に検討したうえで、支援の方向性の判断が求められる。
- 離島では、医療や介護が必要となった場合、活用できる資源が限られることから島外へ早めの住み替えを支援せざるを得ないことも多いが、生まれ育った島や地域に強い愛着をもつ高齢者も多く、担当介護支援専門員として難しい判断を迫られることも多い。
- このように高齢者の1人暮らしの限界を見極めて利便性のよい地域への住み替え等を支援する必要性については、限界集落と呼ばれる過疎地域の拡大に伴い、離島のみならず全国的な課題であるといえる。
- 活用できる資源が限られる離島などの地域において、どのような点に留意して支援を行えば1人暮らしの認知症高齢者のリスクに対応することができるのか、モデルを示すことができれば他の介護支援専門員の参考になり得る。
- また、専門的な判断から、島を離れるための支援を行った場合、その結果に心理的な負担を感じている介護支援専門員も少なくないが、これらを心理的に支えることも重要であり、離島における主任介護支援専門員の果たすべき役割とは何か、検証していくことが求められる。

↓

背景を踏まえてまとめたテーマ2

- 活用できる資源が限られる離島において1人暮らしの高齢者が認知症を発症した場合、担当の介護支援専門員は、どのようにしてリスクへの対応を行えば利用者が望む生活の継続を支援できるのか、また、主任介護支援専門員の果たすべき役割とは何かを明らかにする。

成功事例を研究しよう

　事例研究は、成功事例を扱いましょう。何が成功か、というのは難しいところですが、とりあえず「難しかったけれど、何らかの工夫をしてうまく支援できた事例」と考えてみてください。この「うまく支援できた事例」のなかには、うまく支援できた「わけ」が隠れているはずなのです。それは、偶然できたことかもしれません。また、意識的に何らかの工夫を行ったことが功を奏したということかもしれません。このような「うまく支援できたわけ」を言語化することによって、その事例と似たような状況にある利用者に対しては、そのような工夫が有効かもしれない、ということを示すことができます。

　もちろん、失敗事例（援助者の意図どおりには支援が進まなかった事例、利用者の状況を改善できなかった事例）について振り返ることも大切です。しかし、その事例を精査して見えてくるのは「うまくいかなかったわけ」です。そこからは、「なぜうまくいかない支援を行ってしまったのか」「どういう要因がうまくいかない状況をつくってしまったのか」は明らかにできますが、「ではどうすればうまくいくか」を考えても推測に過ぎないものしか提示できません。

　ですので、事例研究の対象とする事例を選定する際には、「成功事例」を選んでみましょう。そこに隠れていることをうまく言語化できれば、その作業は実践家の実践力向上に一役買うはずです。

4 事例を抽出して論文を作成する

1 研究発表にふさわしい事例の抽出

　相談援助職などの実践家が、学会誌等に抄録の掲載等を通して実践事例の研究発表を行う場合と、地域の事例検討会に事例を提供する場合とを比べた際、何が異なるのでしょうか。その違いは第2部でも触れましたが、改めてみていきます。

　事例検討会へ事例を提供する場合、相談援助職が実際に担当した個別の事例に係る支援のあり方や支援の過程、その結果などを参加した専門職が互いに評価しながら、学び合う過程を通して専門性を高めていくことが目的となります。このため、提供する事例については必ずしも普遍的な課題を有する必要はなく、始まったばかりの事例や現在進行形の事例などを提供することで、これからの支援で起こり得ることとその対応策をシミュレーションすることも可能です。

　一方、研究発表には、学術的な意義と体裁が求められていることから、発表者は自らが提起する課題を実践事例のなかで科学的に検証していくことが求められています。このため、「事例においてこのような結果であったから、こう考えるのが妥当である」と論理的に結論が導けるような事例を選択することが重要です。

　つまり、研究発表で取り上げる事例は何でもよいわけではなく、これまでの長い実践のなかで蓄積してきた多くの事例のなかから、その研究発表を通して実現したい目的を達成するために最もふさわしい事例を選択することが大切なのです。

2 論文の形式で書いてみる

　研究発表のテーマと発表の基となる実践事例が決まれば、抄録の作成に取りかかることができます。

　一般的に相談援助職等の実践家は、事例をまとめる場合に事実のみを時系列に列記していくことが身についていますので、研究や実践の成果を限られた文字数で抄録にまとめることは容易でなく、ともすれば事例の概要を紹介するだけでスペースが埋まってしまいかねません。このため、抄録を作成する前に一度、文字数に制限のない論文の形式で文章に起こしてみることをお勧めします。抄録と論文の構成はほぼ同じであり、論文の概要版が抄録であるといえます。このため、全体のボリュームにとらわれることなく、研究発表の内容を論文の形式で文章化し、そこからスリム化を図ることで、全容を把握したうえで要点を漏らすことなく、決められた文字数に集約することが可能となります。

　論文の書き方については、大きく分けて序論、本論、結論の３つから構成されていますので、まず、序論として「どのようなテーマについて書くのか」「なぜ、このテーマを取り上げたのか」「何を明らかにしたいのか」など、どのような課題をなぜ選んだのかについて明確にしていきます。この時点でテーマは既に決まっていると思いますので、テーマに関して補足することがあれば補足を行い、選択した実践事例との関連を含めて課題を設定した理由を明らかにします。

　次に、本論として、自分がテーマとして設定した課題について「なぜ、そのようなことが言えるのか」「なぜ、そのような結論に結びつくのか」「仮説を証明するためにどのような手法で研究したのか」などについて、論理的、客観的に書き表していきます。

　そして、事例を基に、論理的、客観的に本論を展開していくために

は、「自分はこう思う」という書き方ではなく、「このような根拠から
こう判断した」というように考えや結論に至った根拠が示されている
必要があります。なお、介護支援専門員等の実践事例については、さ
まざまな課題を有していますので、時系列に沿って事例展開していっ
た場合、主題がぼやけてしまうことも多くみられます。このため、何
をテーマに書いているのかを常に念頭に置いて、枝葉末節にとらわれ
すぎないようにすることも大切です。

　結論については、序論で提起した課題についての答えを記載しま
す。その際、本論に記載した内容に基づいて得られた結果考察のみを
結論として記載し、本論で論証していないことは結論に書くことはで
きません。

　加えて、結論は全体のまとめとなりますので、結果として証明しき
れなかった部分や今後の課題としたいものなどを明らかにして記載す
ることもできます。

表 4-3　論文の構成

①序論

・テーマの目的、テーマを設定した理由を明らかにする。

②本論

・序論で提起した課題について根拠を示し、論理的、客観的に論証する。

③結論

・序論の問題提起に答える（本論に記載した内容に基づいて得られた結果を結論
　として記載する）。

　論文を書かずにいきなり抄録を書くこともももちろん可能ですが、こ
うして書き上げた論文から要約版を作成して抄録に落とし込むという

流れも、1つの手法です。

column 推敲の仕方

　抄録や原稿の推敲をする際には、一部プリントアウトして、紙にしたものを見直すようにすることがよいようです。ワープロソフトでは「変更履歴の記録」機能がありますから、PCのディスプレイ上でも推敲作業はできるのですが。

　人間の目はかなり広い範囲で情報を取り入れています。じっくり読んでいる、目の焦点を合わせている部分以外にも、その前後の文字も、どうやら脳には情報としてインプットされているようなのです。ところが、PCのディスプレイでは、フォントの大きさと行数の設定にもよりますが、ページ全体は表示できません。つまり、原稿の20行程度が脳にインプットされる情報となります。これに対して、紙に打ち出してみると、そのページ全体を視野に収めつつ、焦点を合わせている一行を読んでいるようなのです。すると、その一行の記述だけでなく、前後の脈絡も含めて考えることがしやくくなるのです。

　推敲をするときには、プリントアウトしたものに赤ペンをもって向き合うことをお勧めします。

5 抄録の様式に沿ってタイトル、要旨、本文にまとめる

　実際に抄録を書く場合、応募する学会や大会等の募集要項等に定められた様式に従って作成することとなりますが、ここでは、一般社団法人日本ケアマネジメント学会の抄録募集の様式を例にタイトルや要旨、本文をまとめる際の留意点等について説明します。

図 4-3 　抄録様式の例（日本ケアマネジメント学会）

日本ケアマネジメント学会　第〇〇回研究大会
抄録用紙〈一般口演用〉

タイトル：

氏名・所属・会員番号：

要旨：（300字以内）

本文：（1200字以内）

③タイトル

②要旨

①本文

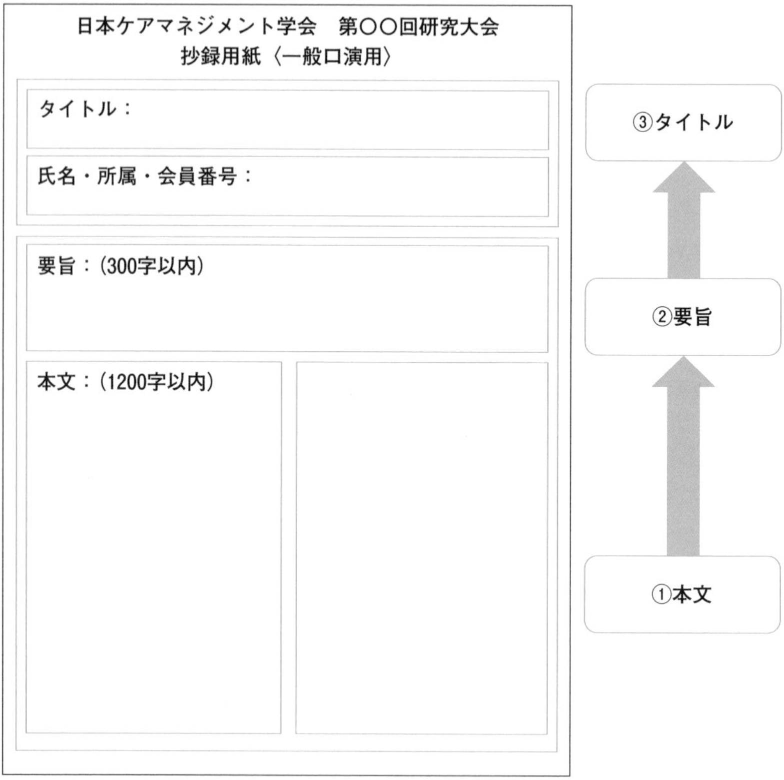

このような様式に記入する場合、通常、上から順に作成していくと思いますが、ここでは、抄録の作成にあたって、①本文、②要旨、③タイトルの順に作成することをお勧めします。なぜなら、後述して解説しますが、この流れで作成するとスムーズに抄録が作成できるからです。

先述しましたが、本文の作成に際しては、事前に研究発表のテーマを定め、下書きとして「論文」を作成することが、限られた文字数内で自分が主張したいことを漏れなく書き表すうえで、とても有効ですので試してみてください。

1 本文を書く

抄録の本文については、論文の構成と同様に序論、本論、結論と大きく３つの構成に分けることができます。ただし、実践家が抄録を作成する際には、各表題を序論、本論、結論とすると、かなり硬いイメージになるため、わかりやすい表現を用いるとよいと思います。

例えば、序論は、テーマの目的やテーマを設定した理由を明らかにするためのものであることから、表題は「研究目的」や「はじめに」などの表現でもよいと思います。

本論は、序論で提起した課題について根拠を示し、論理的、客観的に論証するためのものですが、ここでは主に事例を展開するなかで事実を積み重ねていくこととなるため、表題を「事例の概要」や「研究方法」としてもよいと思います。

結論は、序論で提起した課題に答えるものであるため、そのまま「結論」としてもよいのですが、事例を展開した「結果」を本論と分けて記載した後に、その結果に基づいて得られた答えを「考察」として記載することも可能です。

図 4-4 本文の書き方

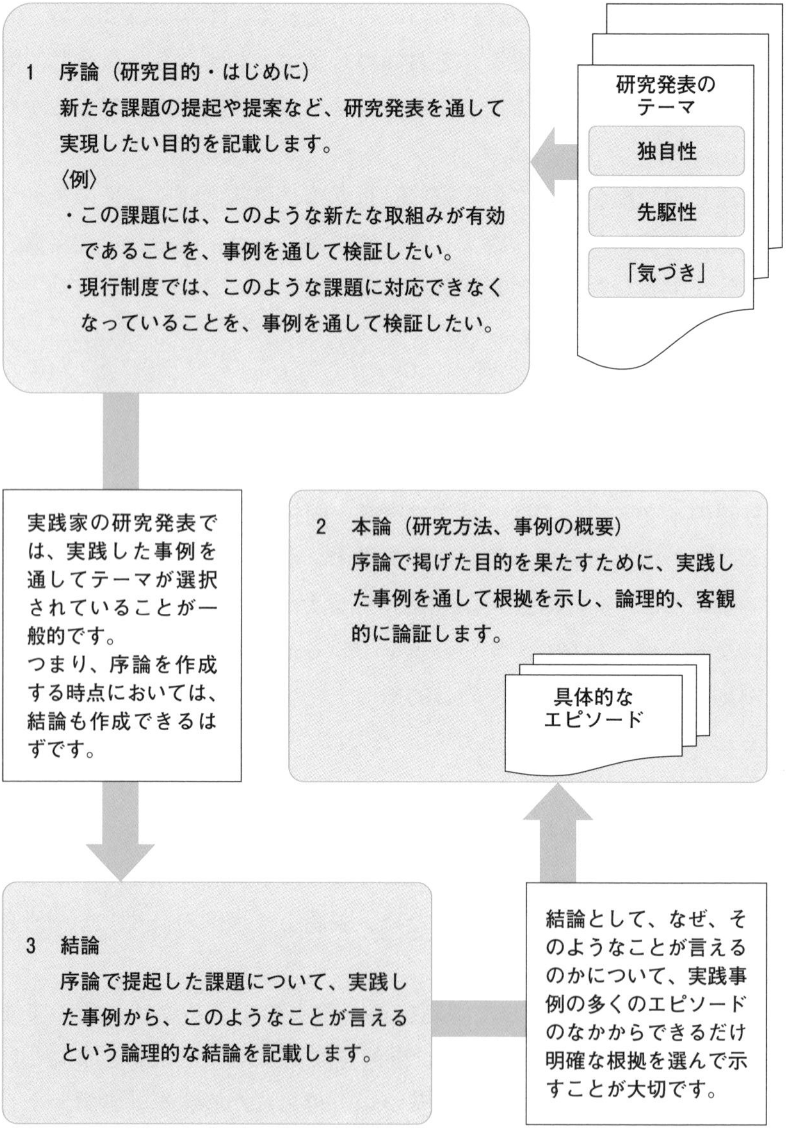

1 序論（研究目的・はじめに）
新たな課題の提起や提案など、研究発表を通して実現したい目的を記載します。
〈例〉
・この課題には、このような新たな取組みが有効であることを、事例を通して検証したい。
・現行制度では、このような課題に対応できなくなっていることを、事例を通して検証したい。

研究発表の
テーマ

独自性

先駆性

「気づき」

実践家の研究発表では、実践した事例を通してテーマが選択されていることが一般的です。
つまり、序論を作成する時点においては、結論も作成できるはずです。

2 本論（研究方法、事例の概要）
序論で掲げた目的を果たすために、実践した事例を通して根拠を示し、論理的、客観的に論証します。

具体的な
エピソード

3 結論
序論で提起した課題について、実践した事例から、このようなことが言えるという論理的な結論を記載します。

結論として、なぜ、そのようなことが言えるのかについて、実践事例の多くのエピソードのなかからできるだけ明確な根拠を選んで示すことが大切です。

一般社団法人日本ケアマネジメント学会の抄録では、本文の文字数が1200字とされていますが、限られた文字数で序論、本論、結論を書く場合、はじめに序論と結論をしっかりと表現することが重要です。

自分が発表したいテーマを序論のなかで表現し、そこで提起した課題について実践した事例から、「このようなことが言える」という論理的な結論を記載します。本論は、残りの文字数の範囲でなぜそのようなことが言えるのかについて、実践事例のエピソードのなかからできるだけ明確な根拠を選んで示すことが大切です。

ここで、実際に次のテーマをもとに抄録の本文を作成してみます。

表4-4 テーマの例1

　・小規模多機能型居宅介護が有する柔軟なサービス形態は、1人暮らしの認知症高齢者の在宅支援の拡充を図るうえで有効な手段となることを介護支援専門員等にもっと知ってもらうことで事業の普及を図る。

①序論を作成する

抄録本文の例	備考
1　研究目的 　小規模多機能型居宅介護は、認知症高齢者の支援に有効な機能を有しているが、サービスの普及が十分に進んでいないと思われる状況がある。	→研究を行った背景の説明を記載します。 ※なぜ、このテーマを選んだのかわかるとよい。

抄録本文の例	備考
そこで、他人を自宅に入れることを頑なに拒む1人暮らしの認知症高齢者の事例を通して、小規模多機能型居宅介護サービスが有する機能の特性と効果について検証する。 （146文字）	→具体的な研究の目的を記載します。 ※どのようなことを行いたいのかわかるように記載します。

②結論を作成する

抄録本文の例	備考
3　結論 　本事例では、入退院を契機に小規模多機能型居宅介護を導入し、「泊まり」と「通い」のサービスを柔軟に提供するなかで、認知症を発症した高齢者と職員との「なじみの関係」をうまく構築することができた。 　その結果、それまで他人を自宅に入れることを頑なに拒む気持ちに変化が現れ、「訪問」サービスの提供に結びつけることができ、在宅生活を継続することが可能となった。 　認知症高齢者の1人暮らしには多くのリスクが潜んでいるため、リスクを把握したうえで在宅支援を継続するか、リス	→序論で提起した課題の答えを簡潔に記載します。 ※小規模多機能型居宅介護サービスが有する機能の特性と効果 →事例を通してどのようなことが言えるのか、事実を簡潔に記載します。

抄録本文の例	備考
クを回避するために積極的に住み替えを勧めるのか一概に判断はできないが、ケアマネジメントの専門職が担う責任は重い。 　小規模多機能型居宅介護を有効に活用することで、利用者が望む在宅生活を継続する可能性が拡大するため、多くの介護支援専門員にもっと利用していただきたい。 （359文字）	→考察として、客観的に言えることや主観的に実現したいことを記載してもよいです。

③本論を作成する

　一般社団法人日本ケアマネジメント学会の抄録では、本文の文字数が1200字とされていますので、本論は、序論と結論に要した文字数（146文字＋359文字＝505文字）を引いた文字数（695文字）以内で作成することとなります。

抄録本文の例	備考
2　事例の概要 　倫理的配慮として、本人、家族に研究について、説明を行い、承諾を得たうえで、個人情報を特定できないよう配慮した。	→倫理的配慮を行い、事例を加筆修正したことを明記します。
85歳の要介護4の女性で、アルツハイマー型認知症を発症し、通所介護と訪問介護サービスを利用し遠方の姪の支援を	→事例の対象者の基本情報は不可欠です。

受けながら1人で生活を送っていた。

　認知症が進んだことでヘルパーへの認識が薄くなり、訪問時に強い抵抗が出現して殴る、蹴る、物を投げる等の行動が顕著となり、在宅生活の継続が危ぶまれた。

　脳梗塞で入院したことを契機に、施設入所も検討したが、本人と姪が在宅生活の継続を強く希望したことから、小規模多機能型居宅介護の導入を試みることとした。　→エピソードのなかから事例の展開を説明するために必要な根拠を選んで示します。

　退院後は、直ちに1人で自宅に帰すことはリスクが高いと判断し、1週間を目処に「宿泊」サービスを提供した。

　その後の「通い」を中心に支援を行い、職員のケアに拒否がないことに着目して、送り迎えの際に「ついでの支援」を行うことを組み入れた。試しに1時間程度の支援を行ってみたが、顔を覚えているはずのスタッフに対して強い拒否が示された。　→「ついでの支援」とは例えば、テーブルの上を本人と一緒に整理したり、今夜、観たいTV番組を考えるなど、送迎時の少しの時間を利用して、ついでに行う支援を指します。

　このため、自宅内において短時間でサービス提供が完結できるよう、動線等を写真入りで作成するなど、全スタッフ間で情報共有を図った。また、訪問時には、スタッフが水分摂取量の把握や室内

の温度管理、排泄状況など体調の確認などにも努めることとした。

　小規模多機能型居宅介護では、「通い」「訪問」「宿泊」を包括的に支援できることから、365日途切れることなく観察することが可能となった。

　これらの生活情報をチーム全員で把握することで、BPSDの発症の予防にもつながり、本人が望む在宅生活を継続することができている。

（687文字）

→事例の展開を通して、利用者等にどのような変化があったのか明確にすることが大切です。

表4-5 　テーマの例2

・活用できる資源が限られる離島において1人暮らしの高齢者が認知症を発症した場合、担当の介護支援専門員は、どのようにしてリスクへの対応を行えば利用者が望む生活の継続を支援できるのか、また、主任介護支援専門員の果たすべき役割とは何かを明らかにする。

④序論を作成する

抄録本文の例	備考
Ⅰ　研究目的 　離島では、医療や介護が必要となった場合、活用できる資源が限られることから島外へ早めの住み替えを支援せざるを	→研究を行った背景の説明を記載します。

抄録本文の例	備考
得ないことも多いが、生まれ育った島や地域に強い愛着をもつ高齢者も多く、介護支援専門員として難しい判断を迫られることも多い。	※なぜ、このテーマを選んだのかわかるとよい。
認知症が中重度に進行した1人暮らしの高齢者の事例を通して、離島における介護支援専門員としての支援のあり方と主任介護支援専門員の果たすべき役割について考える。 （197文字）	→具体的な研究の目的を記載します。 ※どのようなことを行いたいのかわかるように記載します。

⑤結論を作成する

抄録本文の例	備考
Ⅲ　研究結果および考察 　本事例では、少ない社会資源のなかからインフォーマル支援を含むサービスを活用することで、認知症が中重度に進行した高齢者を支援するためのネットワークを構築し、1人暮らしの生活を継続することができた。	→序論で提起した課題の答えを簡潔に記載します。 ※少ない社会資源のなかからインフォーマル支援を含むサービスを上手く活用してネットワークを構築した。
インフォーマル支援を含むネットワークを構築することができた本事例は、島における1つの支援モデルとなり得るため、主任介護支援専門員の立場から地域ケア会議で情報共有を図ることとした。	→事例を通してどのようなことが言えるのか、事実を簡潔に記載しま

抄録本文の例	備考

一方、専門的な判断から、島を離れるための支援を行うこともあるが、その結果に心理的な負担を感じている介護支援専門員も少なくない。このため、離島で活動する主任として適宜スーパーバイズを行っていきたいと考えている。

（300文字）

→ す。

→考察として、客観的に言えることや主観的に実現したいことを記載してもよいです。

本論は、序論と結論に要した文字数（197文字＋300文字＝497文字）を引いた文字数（703文字）以内で作成することとなります。

⑥本論を作成する

抄録本文の例	備考

Ⅱ　事例の概要

　本人、家族に説明を行い、承諾を得たうえで、個人情報を特定できないよう倫理的配慮を行った。

　町は、瀬戸内海に浮かぶ周囲160kmの島で、人口減少顕著で現在、２万7000人で高齢化率40.2％。医療機関はあるが、医師、看護師、介護職等の人材不足が課題であり、緊急な高度医療に対してはドクターヘリによる搬送で対応。

　Ａさん、83歳、女性、独居、近親者は島外に住む弟と妹２人のみ

　障害高齢者の日常生活自立度：Ｊ２

→倫理的配慮を行い、事例を加筆修正したことを明記します。

→事例の対象者の基本情報は不可欠です。
基本情報は必ずしも文章化する必要はなく、箇条書きとしてもよいです。

認知症高齢者の日常生活自立度：Ⅱb

既往歴：アルツハイマー型認知症、高血圧症、骨粗鬆症、変形性膝関節症

平成27年より物忘れが顕著となり、キーパーソンの弟の意向で介護サービスを導入。

島の生活では、「人に、家の中を見られたくない」との思いからサービス利用を拒む人が多く、当初はＡさんも「自分で何でもできるから」とヘルパーを拒否していた。

その後、ヘルパーとの関係が良好になり、平成28年4月に、腸閉塞の疑いで島外の総合病院に救急搬送され入院。

退院カンファレンスにて、Ａさんが入院先の看護師との密なかかわりのなかで「誰かに頼って生活しても大丈夫」と心境に変化があったことを確認した。

これを契機に、もう一度、本人の望む生活を島内で実現することができるのではないかと考え、インフォーマル支援も視野に入れたネットワークを構築してみることとした。

退院後の医療は、総合病院から島内の往診可能な診療所へつなぎ、ヘルパーの利用回数の見直しやショートステイの活

→エピソードのなかから事例の展開を説明するために必要な根拠を選んで示します。

→事例の展開を通して、利用者等にどのような変化があったのか明確にすることが大切です。

→担当の介護支援専門員としてどのような取り組みを行ったのか、それによりどのような効果があったのか具体的

用、福祉用具の調整を行った。

金銭管理は弟に依頼し、自宅近くの食堂から宅配弁当を取ることで安否確認を行うこととし、離島という少ない資源のなかで、本人が望む生活の継続が可能となった。（698文字）

に示すことが大切です。

2 要旨を書く

本文が書けたら、続けて要旨をまとめましょう。要旨というのは、それがどのような研究発表なのかを一定の文字数でまとめたもので、抄録の様式に沿って作成が求められるものです（学会や大会によっては、要旨がない場合もあります）。

要旨には、どのようなことについて研究したのか、その全体的な骨格がわかるように、研究発表の目的やその背景、主な取り組み、結果等のなかから必要な部分を抜粋して作成します。

例 4-1 要旨作成の例1

〈抄録要旨の例〉

認知症高齢者の1人暮らしには多くのリスクがあるが、小規模多機能型居宅介護の「通い」「訪問」「宿泊」サービスを包括的かつ柔軟に提供することで、状態の変化等を途切れることなく把握することができる。

本事例では、訪問を頑なに拒む1人暮らしの認知症高齢者に対し、小規模多機能型居宅介護の「泊まり」と「通い」のサービスを柔軟に提供するなかで「なじみの関係」を構築し、「訪問」サービスの提供へと結びつけることで、本人が望む在宅生活を継続す

ることが可能となった。

　本事例を通して、1人暮らしの認知症高齢者が在宅生活を維持するうえで、小規模多機能型居宅介護が果たす効果と可能性について検証を行ったものである。（294文字）

例 4-2　要旨作成の例2

〈抄録要旨の例〉

　1人暮らしの高齢者が認知症を発症した場合、担当介護支援専門員は生活上のさまざまなリスクと利用者や家族の意向などを専門的に検討したうえで支援を行わなければならない。

　離島では、生まれ育った島への愛着が強い高齢者も多いが、活用できる資源が限られることから、早めに島を離れる支援を行わざるを得ないケースも少なくない。このように活用できる医療や介護の資源が限られる地域の課題は、限界集落と呼ばれる過疎地域の拡大に伴い今や全国的な課題であるといえる。

　そこで、離島におけるインフォーマル支援を活用したネットワーク構築の事例について検証するとともに、主任介護支援専門員の果たすべき役割について提言するものである。（298文字）

3　タイトルをつける

　抄録のタイトルは、研究発表の表題であり、研究発表の内容をできるだけわかりやすく、短く、まとめます。ただし、タイトルは単なる内容の要約ではないので、まず「これは、何のための研究なのか」ということを考えて、研究テーマがしっかりと反映されていることが大切です。

また、実際にどのような研究に取り組んだのか、その研究内容がわかるものがよいです。このため、研究発表の要旨を作成した場合は、そのなかからキーワードとなる言葉を選択してタイトルを作成すると効果的です。

　専門職の学会など、限られた職種に向けて研究内容を発表する場合は、専門用語を使用しても問題はないと思いますが、幅広い職種の人たちに向けて情報発信する場合は、専門用語をわかりやすい表現に置き換えるなどの工夫が大切です。ただし、専門用語を他の言葉に置き換えた場合、対象の専門職にとって逆に理解しにくい場合もありますので、対象が限られる場合等は無理に置き換える必要はありません。

　また、短い文書のなかでインパクトを与えられることができると、興味をもって読んでもらえるのではないでしょうか。そのためには、事例の背景や対象者の変化・動きなどが頭に浮かぶようなタイトルに工夫することが有効です。

　なお、タイトルで何の研究であるのか大枠のカテゴリーを表し、サブタイトルをつけて、より具体的な研究の方向性などを補完する方法もあります。

　認知症高齢者の1人暮らしには多くのリスクがあるが、小規模多機能型居宅介護の「通い」「訪問」「宿泊」サービスを包括的かつ柔軟に提供することで、状態の変化等を途切れることなく把握することができる。

　本事例では、自宅への訪問を頑なに拒む1人暮らしの認知症高齢者に対し、小規模多機能型居宅介護の「泊まり」と「通い」のサービスを柔軟に提供するなかで「なじみの関係」を構築し、「訪問」サービスの提供へと結びつけることで、本人が望む在宅生活を継続することが可能となった。

　本事例を通して、1人暮らしの認知症高齢者が在宅生活を継続するうえで、小規模多機能型居宅介護が果たす効果と可能性について検証を行ったものである。

図 4-5　タイトルのつけ方の例

タイトル：1人暮らしの認知症高齢者に対する小規模多機能型居宅介護適用の検証

どのカテゴリーの研究であるか、サービスの種別をタイトルに含めることは重要です。
サービスの種別と支援の内容まで含めて一文にすると、タイトルが長くなる場合にはサブタイトルを活用します。

サブタイトル：訪問を拒絶する利用者への「なじみの関係」を活用した在宅支援の拡充

タイトルだけでは内容を表現できない場合はサブタイトルで補完します。
サブタイトルをつけることで実際にどのような取組みを行ったのかがわかり、読む人の興味を高めることができます。

例 4-4　事例の要旨　例2

　1人暮らしの高齢者が認知症を発症した場合、担当介護支援専門員は生活上のさまざまなリスクと利用者や家族の意向などを専門的に検討したうえで支援を行わなければならない。

　離島では、生まれ育った島への愛着が強い高齢者も多いが、活用できる資源が限られることから、早めに島を離れる支援を行わざるを得ないケースも少なくない。このように活用できる医療や介護の資源が限られる地域の課題は、限界集落と呼ばれる過疎地域の拡大に伴い今や全国的な課題であるといえる。

　そこで、離島におけるインフォーマル支援を活用したネットワーク構築の事例について検証するとともに、主任介護支援専門員の果たすべき役割について提言するものである。

図 4-6　タイトルのつけ方の例

タイトル：離島における支援から主任介護支援専門員として役割を考える

　　支援の内容まで含めて一文にすると、タイトルが長くなる場合にはサブタイトルを活用します。

サブタイトル：活用可能な資源が限られる離島における認知症高齢者を支えるネットワーク構築を検証する

　　タイトルだけでは内容を表現できない場合はサブタイトルで補完します。サブタイトルをつけることで実際にどのような取組みを行ったのかがわかり、読む人の興味を高めることができます。

　これで、①タイトル、②要旨、③本文が完成しました。これらをまとめて記載したものが、**表4-6**と**表4-7**になります。

テーマ1を基に作成した抄録の例

タイトル：1人暮らしの認知症高齢者に対する小規模多機能型居宅介護適用の検証

サブタイトル：訪問を拒絶する利用者への「なじみの関係」を活用した在宅支援の拡充

要旨：（300字以内）
　認知症高齢者の1人暮らしには多くのリスクがあるが、小規模多機能型居宅介護の「通い」「訪問」「宿泊」サービスを包括的かつ柔軟に提供することで、状態の変化等を途切れることなく把握することができる。
　本事例では、訪問を頑なに拒む1人暮らしの認知症の高齢者に対し、小規模多機能型居宅介護の「泊まり」と「通い」のサービスを柔軟に提供するなかで「なじみの関係」を構築し、「訪問」サービスの提供へと結びつけることで、本人が望む在宅生活を継続することが可能となった。
　本事例を通して、1人暮らしの認知症の高齢者が在宅生活を維持するうえで、小規模多機能型居宅介護が果たす効果と可能性について検証するものである。

1　研究目的

　小規模多機能型居宅介護は、認知症高齢者の支援に有効な機能を有しているが、サービスの普及が十分に進んでいないと思われる状況がある。
　そこで、他人を自宅に入れることを頑なに拒む1人暮らしの認知症高齢者の事例を通して、小規模多機能型居宅介護サービスが有する機能の特性と効果について検証する。

2　事例の概要

　倫理的配慮として、本人、家族に研究について、説明を行い、承諾を得たうえで、個人情報を特定できないよう配慮した。
　85歳の要介護4の女性で、アルツハイマー型認知症を発症し、通所介護と訪問介護サービスを利用し遠方の姪の支援を受けながら1人で生活を送っていた。
　認知症が進んだことでヘルパーへの認識が薄くなり、訪問時に強い抵抗が出現して殴る、蹴る、物を投げる等の行動が顕著となり、在宅生活の継続が危ぶまれた。
　脳梗塞で入院したことを契機に、施設入所も検討したが、本人と姪が在宅生活の継続を強く希望したことから、小規模多機能型居宅介護の導入を試みることとした。
　退院後は、直ちに1人で自宅に帰ることはリスクが高いと判断し、1週間を目処に「宿泊」サービスを提供した。
　その後「通い」を中心に支援を行い、職員のケアに拒否がないことに着目して、送り迎えの際に「ついでの支援」を行うことを組み入れた。試しに1時間程度の支援を行ってみたが、顔を覚えているはずのスタッフに対して強い拒否が示された。

　このため、自宅内において短時間でサービス提供が完結できるよう、動線等を写真入りで作成するなど、全スタッフ間で情報共有を図った。また、訪問時には、スタッフが水分摂取量の把握や室内の温度管理、排泄状況など体調の確認などにも努めることとした。
　小規模多機能型居宅介護では、「通い」「訪問」「宿泊」を包括的に支援できることから、365日途切れることなく観察することが可能となった。
　これらの生活情報をチーム全員で把握することで、BPSDの発症の予防にもつながり、本人が望む在宅生活を継続することができている。

3　結論

　本事例では、入退院を契機に小規模多機能型居宅介護を導入し、「泊まり」と「通い」のサービスを柔軟に提供するなかで、認知症を発症した高齢者と職員との「なじみの関係」をうまく構築することができた。
　その結果、それまで他人を自宅に入れることを頑なに拒む気持ちに変化が現れ、「訪問」サービスの提供に結びつけることができ、在宅生活の継続することが可能となった。
　認知症高齢者の1人暮らしには多くのリスクが潜んでいるため、リスクを把握したうえで在宅支援を継続するか、リスクを回避するために積極的に住み替えを勧めるのか一概に判断はできないが、ケアマネジメントの専門職が担う責任は重い。
　小規模多機能型居宅介護を有効に活用することで、利用者が望む在宅生活を継続する可能性が拡大するため、多くの介護支援専門員にもっと利用していただきたい。

表 4-7　テーマ 2 を基に作成した抄録の例

タイトル：離島における支援から主任介護支援専門員として役割を考える

サブタイトル：活用可能な資源が限られる離島における認知症高齢者を支えるネットワーク構築を検証する

要旨：（300字以内）
　1人暮らしの高齢者が認知症を発症した場合、担当介護支援専門員は生活上のさまざまなリスクと利用者や家族の意向などを専門的に検討したうえで支援を行わなければならない。
　離島では、生まれ育った島への愛着が強い高齢者も多いが、活用できる資源が限られることから、早めに島を離れる支援を行わざるを得ないケースも少なくない。このように活用できる医療や介護の資源が限られる地域の課題は、限界集落と呼ばれる過疎地域の拡大に伴い今や全国的な課題であるといえる。
　そこで、離島におけるインフォーマル支援を活用したネットワーク構築の事例について検証するとともに、主任介護支援専門員の果たすべき役割について提言するものである。

Ⅰ　研究目的
　離島では、医療や介護が必要となった場合、活用できる資源が限られることから島外へ早めの住み替えを支援せざるを得ないことも多いが、生まれ育った島や地域に強い愛着をもつ高齢者も多く、介護支援専門員として難しい判断を迫られることも多い。
　認知症が中重度に進行した1人暮らしの高齢者の事例を通して、離島における介護支援専門員としての支援のあり方と主任介護支援専門員の果たすべき役割について考える。

Ⅱ　事例の概要
　本人、家族に説明を行い、承諾を得たうえで、個人情報を特定できないよう倫理的配慮を行った。
　町は、瀬戸内海に浮かぶ周囲160kmの島で、人口減少顕著で現在、2万7000人で高齢化率40.2%。医療機関はあるが、医師、看護師、介護職等の人材不足が課題であり、緊急な高度医療に対してはドクターヘリによる搬送で対応。
　Aさん、83歳、女性、独居、近親者は島外に住む弟と妹2人のみ
　障害高齢者の日常生活自立度：J2
　認知症高齢者の日常生活自立度：Ⅱb
　既往歴：アルツハイマー型認知症、高血圧症、骨粗鬆症、変形性膝関節症
　平成27年より物忘れが顕著となり、キーパーソンの弟の意向で介護サービスを導入。
　島の生活では、「人に、家の中を見られたくない」との思いからサービス利用を拒む人が多く、当初はAさんも「自分で何でもできるから」とヘルパーを拒否していた。

　その後、ヘルパーとの関係が良好になり、平成28年4月に、腸閉塞の疑いで島外の総合病院に救急搬送され入院。
　退院前のカンファレンスにて、Aさんが入院先の看護師との密なかかわりのなかで「誰かに頼って生活しても大丈夫」と心境に変化があったことを確認した。
　これを契機に、もう一度、本人の望む生活を島内で実現することができるのではないかと考え、インフォーマル支援も視野に入れたネットワークを構築してみることとした。
　退院後の医療は、総合病院から島内の往診可能な診療所へつなぎ、ヘルパーの利用回数の見直しやショートステイの活用、福祉用具の調整を行った。
　金銭管理は弟に依頼し、自宅近くの食堂から宅配弁当を取ることで安否確認を行うこととし、離島という少ない資源のなかで、本人が望む生活の継続が可能となった。

Ⅲ　研究結果および考察
　本事例では、少ない社会資源のなかからインフォーマル支援を含むサービスを活用することで、認知症が中重度に進行した高齢者を支援するためのネットワークを構築し、1人暮らしの生活を継続することができた。
　インフォーマル支援を含むネットワークを構築することができた本事例は、島における1つの支援モデルとなり得るため、主任介護支援専門員の立場から地域ケア会議で情報共有を図ることとした。
　一方、専門的な判断から、島を離れるための支援を行うこともあるが、その結果に心理的な負担を感じている介護支援専門員も少なくない。このため、離島で活動する主任として適宜スーパーバイズを行ってまいりたいと考えている。

6 倫理的配慮を含め全体的に見直す

　抄録募集の様式に従って、タイトルや要旨、本文をまとめることができたら、そのまますぐに提出するのではなく全体をよく見直すことが大切です。

1 誤字、脱字、変換ミス等を見直す

　これについては、ここまで何度も触れてきましたが、抄録の作成においては、特に気をつけてください。

　文章の校正は、自己責任です。もう一度、全体を読み直して誤字、脱字等の単純ミスがないか確認します。特に、入力変換のミスについては、正しく打ったつもりでも思わぬ間違いが起きている可能性があるので注意が必要です。その際に、文章として意味が正しく通じるか、一文として長すぎないかなども併せて確認することが大切です（第1部参照）。

　一度提出した抄録は、そのまま学会誌等に掲載され、将来にわたって印刷物として残ることを認識して、隅々まで推敲する意識をもってください。

2 守秘義務を徹底する

　研究発表にも守秘義務は及びます。特に、事例を用いた研究発表を行う場合、利用者に不利益が及ぶことのないよう匿名性を確保する必要があります。

匿名性を確保するためには、対象者が特定できないように、支援経過や援助内容を加筆修正する必要があります。特に、患者が少ない難病や利用者が特定できそうな職業、特定の社会的地位などについては特段の配慮を行うことが大切です。

　ただし、内容を加工することによって研究内容の趣旨に影響があってはなりません。加工を行う際は、研究内容に影響がない程度に最低限の修正とする必要があります。また、加工した際は、その旨を報告時に説明することが求められます。

3　事例使用の承諾を得る

　事例を含んだ研究論文を執筆する場合、あるいは事例を含んだ口頭発表をする場合、前もって研究対象者の承諾を得ておくとともに承諾を得ている旨を論文や抄録に明示します。一般社団法人日本ケアマネジメント学会では、研究対象者から文書で承諾を得ることを原則としています。

　また、他の研究者が執筆した事例を使用する場合には引用を明示するとともに、書籍等から文章を引用する場合、引用した文章を「」で括り、原著者名、出版社、出版年、引用箇所を明示する必要があります。

4　根拠のない情報を載せない

　代表的なのは、医師の診断がない病名や誤った病名を載せることでしょう。例えば、アルツハイマー型認知症・レビー小体型認知症・血管性認知症などの診断を受けていないのに「認知症」と表記したり、医師が一定の診断基準に基づいて「がんの末期」と診断していないのに「末期がん」と表記したりするなどです。

「虐待」という表現も要注意です。どのような根拠に基づいて虐待と言い切れるのでしょうか。事例を選択する前に発表者は自問自答してください。

　その他、伝え聞いただけなど根拠のない情報は、研究発表を根底から誤らせることになります。

⑤　使用した言葉や表現を見直す

　抄録に記載された言葉や表現には、発表者の「価値観」や「援助感」が反映されます。

　例えば、「わがままな利用者」「自分勝手な家族」など利用者や家族にレッテルを貼りつけているような表現や「家族は介護をするべきだ」など自分の価値観を押しつけているような表現がみられることがあります。

　利用者や家族にはそれぞれの歴史があります。自分の価値観で家族をジャッジすることがあってはならず、そのような表現をタイトルや本文等に含むことはあってはならないことです。

　また、事例に登場する利用者・家族やその他の人々に「勉強させていただいている」という謙虚な気持ちで臨むことが求められます。当然ながら、タイトルや本文にも「品位」が求められます。

先般、学会発表等を目指して抄録作成などに取り組む研修会において、「トイレから世界へ」と題した抄録の提出がありました。抄録のタイトルを目にして、排泄に関する事例研究ではないかと推測できましたが、正直少し突飛な印象を受けました。

その内容は、突然の脳血管疾患を発症して排泄が全介助となり、紙おむつを使用するようになった80歳代の男性の事例でした。

介護支援専門員は排泄の自立を目指すケアプランを作成して実行していきました。

リハビリの効果が出てくるにつれて本人のやる気も高まり、排泄が一部介助になった段階で、これまで諦めていた多くのことに対して、もう一度やってみようという意欲も出てきました。その結果、かねてからの趣味である海外の友人とのやり取りも再開されるようになり、その後、排泄は自立へと改善され、介護保険からも卒業し、海外旅行に行けるようになりました。

抄録の執筆者は、自分のケアプランがうまく機能した結果、紙おむつによる排泄の介助から自立へと改善できたことが本人の尊厳保持につながったと考えたのではないでしょうか。

しかしながら、この抄録のタイトルを「トイレから世界へ」と題することは、もう少し工夫する必要があったのではないかと思います。抄録のテーマは、研究発表の内容を短い文章で表すとともに、研究発表が有するべき公益性や先駆性などが盛り込まれていることが求められています。排泄の自立が尊厳の保持につながったことは事実ですが、排泄の自立そのものがこの事例において最大の目標であり、研究の対象だったのでしょうか。

本事例の内容をみると、本人は家業を概ね息子に権限移譲をし

ていた時期でもあり、今後の生きがいとして妻と海外旅行の計画を立てて実行することを楽しみとしていました。

　突然の脳血管疾患を発症して要介護状態となってから、介護支援専門員は、本人が本当にしたいことは何であるか、本人・家族と一緒に考えました。そして、これまでの一番の楽しみはずっと続けてきた海外の友人との交流であり、これからぜひやってみたいことは妻と二人での海外旅行であることを確認しました。このため、モニタリングや再アセスメントなどケアマネジメントプロセスのなかで、リハビリなどを諦めかけた様子がみえるたびに何度もそこに着目してアプローチを続け、ついに介護保険から卒業して妻との海外旅行を実現できました。

　この研修の講師を担当していた私は、執筆者の意図も理解できたのですが、タイトルに違和感をもったことから「この研究であなたが主張したいキーワードを5つ考えて、そこから内容を再考していきましょう」とアドバイスをしました。

　執筆者が示したキーワードは、「尊厳」「自立支援」「意欲」「ストレングス」「再アセスメント」の5つで、「排泄」や「海外旅行」という言葉は入っていませんでした。

　そこで、この事例から実践家としてどのようなことを研究テーマとすべきかを一緒に考えてみることとしました。

　最初のキーワードである「尊厳」は、排泄が全介助となりとても屈辱的な思いをしていた状態から、リハビリに取り組んで自らの手でつかみ取ったものであるといえます。

　そこには、介護支援専門員をはじめとする専門職の適切な「自立支援」が提供されましたが、自立をつかむまでの道のりは決して優しいものではありませんでした。ともすれば折れそうな「意欲」を「再アセスメント」などの機会を通じて粘り強く本人の

「ストレングス」に働きかけたことが大きな力になったのです。これらのことを踏まえて、この事例がストレングスモデルによる実践であることを執筆者と確認しました。

　その後、抄録のテーマは、「排泄自立を目指したストレングスモデルの考察」へと変わりました。

　最初のタイトルはわからなくはないけれど、品位に欠けるように感じられましたが、修正後のタイトルは相応しいタイトルになったように思いませんか。

参考文献
『これから始める人のための事例検討会入門』「第3章提出事例の書き方」
一般社団法人日本ケアマネジメント学会「研究ガイドライン」

第 **5** 部

研究発表・プレゼンテーションの方法

抄録を書いて無事に提出まで済ませたら、次は研究発表の準備に取りかかります。第5部では、研究発表の準備から実際のプレゼンテーションにあたってのポイントまでを解説します。

　研究発表の準備は大きく3点。

1）パワーポイントで資料作成
2）発表用のシナリオ作成
3）発表の練習→改善→練習の繰り返し

　とりわけ、発表の練習を繰り返し、発表の内容を頭に入れておくことが大切です。こうした入念な準備が研究発表の成功のカギを握っています。

　また、プレゼンテーションでは、

1）発声
2）ゆっくり話す
3）間を有効に活用する
4）ストーリー性のある発表

といったことがポイントです。これらを意識して、自信をもってプレゼンテーションに臨めるようにしましょう。

1 研究発表のための準備

　学会や研究大会等において、多くの参加者の前で自分が研究した成果や自分の考えを発表することは、とても貴重な経験を得ることができる機会です。その一方で、大勢の人を前に話をすることは経験豊富なベテランでさえ緊張を伴うものであり、ましてや初めて発表をする人にとっては、緊張のあまり押しつぶされそうに感じてしまうかもしれません。

　これを少しでも和らげるために、事前の準備をしっかりとしておくことが肝要です。多少なりとも緊張することはあると思いますが、準備の過程で不安を取り除くことは可能であり、自信をもって研究発表に望むことにつながるのです。

1 制限時間を把握した準備

　学会や研究大会等において口頭で研究発表を行う場合、発表者は主催者が指定する時間内で発表を終えなければなりません。このため、発表者はあらかじめ決められた制限時間を把握して、制限時間内に発表を完了できるよう準備しておくことが不可欠です。

　一般的に学会の論文発表等は、20 〜 30分程度で行われているようですが、一般社団法人日本ケアマネジメント学会の研究大会等で事例研究の発表を行う場合は10分程度と、大変コンパクトにまとめる必要があります。また、質疑応答を行う場合、プレゼンテーションに要する時間はさらに短くなることもあります。

　このように時間だけをみると、事例研究のプレゼンテーションは大

変短く感じますが、事前に提出した抄録と比べると提供できる情報量はかなり多くなります（144ページ参照）。しかしながら、抄録では表現することができなかったことをあれもこれもと盛り込んで、制限時間ぎりぎりになってしまうことはお勧めできません。

　プレゼンテーションの持ち時間には、参加者とのアイコンタクトを取るなどといった見えない「間」も含まれます。したがって、示された制限時間内で自分の考えを余すことなく確実に表現し、自分の主張を理解してもらうためにも、すべてを盛り込まずに理解してもらえるようなプレゼンテーションを練り上げる必要があります。

② プレゼンテーションのための資料作成

　口頭発表を行う場合、会場でレジメ等の印刷物を資料として配布することもありますが、大きなホールで参加者が多い場合などは、パワーポイント（PowerPoint）などのパソコンのソフトを活用して必要な資料をスクリーンに映し出す方法が一般的となっています。

　パワーポイントは**図5−1、図5−2**のように1枚ずつ「スライド」を作成していくのですが、プロジェクターでスクリーンに投影する大きな「紙芝居」をつくるようなイメージです。1枚のスライドに、紙芝居の絵と同じように「図」や「グラフ」などを描いて、発表者がスライドをめくりながら、説明を続けていくことができます。

　このようなソフトの活用によって、口頭や配布資料に加えて、視覚的なイメージが合わさり、よりパフォーマンスの高いプレゼンテーションが可能になります。

　特に、事例研究の発表に際して、家族関係についてはジェノグラム、家族の枠組みを超えた人間関係をエコマップなどで示すことにより、参加者に「サポート力」を容易に理解してもらうことができます。ま

た、必要に応じて写真やビデオ映像を活用することも大変有効な手段であるといえます。人間関係を図に示すことや写真等を見てもらうことで、多くの言葉を尽くして説明するよりもよくわかることもあり、発表時間を短縮するうえでも大変有効であるといえます。

図 5-1 パワーポイントの活用例1

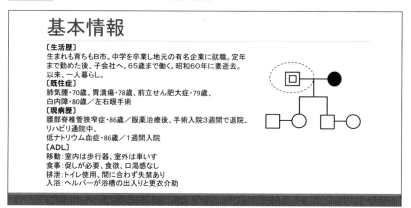

図 5-2 パワーポイントの活用例2

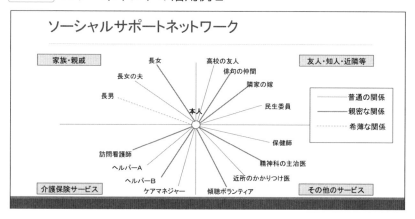

3 シナリオ（原稿）の作成

①パワーポイントのノートの活用

　研究発表を決められた時間内で完了するためには、どのような順序でどのようなことを話すのかを具体的に記した原稿を準備しておくことが大切です。

　自分では事例の内容を完璧に理解していて、手元に抄録と資料があれば、あとはスラスラと発表できるつもりでいても、いざ多くの人の前に出ると緊張で頭が真っ白になったり、言葉に詰まってしまうこともあります。

　このため、プレゼンテーションの進め方を想定して、最初の自己紹介から最後の謝辞までどのような言葉で話すのか、あらかじめ文章に起こしておくと安心して発表に臨むことができます。

表 5-1 プレゼンテーションの流れ

---

①**自己紹介**

②**研究テーマを設定した理由や研究目的についての説明**

③**事例概要の説明**

④**結論、考察の説明**

⑤**質疑応答**

⑥**謝辞**

　シナリオ（原稿）は、初めから終わりまで通して作成してもよいのですが、パワーポイントを活用する場合、どのスライドを映したときに何を話すのかを具体的にしておくことが必要です。このため、シナリオ（原稿）をスライドごとに分割して作成しておくと、シナリオ（原

稿）をめくるタイミングで画面を切り替えることができます。

　パワーポイントには、「ノート」の機能があり、パソコン上の「表示」をクリックすると「ノート」のアイコンが示され、スライドの下段にシナリオを書き込むことができます。これをそのまま印刷することで、手持ちのシナリオ（原稿）となります。

図 5−3　パワーポイントのノート機能を活用したシナリオの例

**一人暮らしの認知症高齢者に対する
小規模多機能型居宅介護適用の検証**

訪問を拒絶する利用者への
「なじみの関係」を活用した在宅支援の拡充

○○小規模多機能型居宅介護事業所
管理者○○　○○

皆さま、こんにちは
　○○小規模多機能型居宅介護事業所で管理者をしています○○○○です。
　本日は、自宅への訪問を頑なに拒絶していた1人暮らしの認知症の利用者に対して、小規模多機能型居宅介護が有する「なじみの関係」をうまく活用した結果、在宅支援サービスの拡充を果たすことができた事例について研究成果を発表いたします。
　よろしくお願いします。

※下段は手持ち資料。スクリーンに表示されるのは上段の資料のみです。

　シナリオ（原稿）が1枚の「ノート」に収まらない場合は、無理にポイントを下げたり、行間を縮小したりするのではなく、別紙に記載しましょう。読みにくい原稿は、プレゼンテーション本番の妨げになることもあります。

図 5-4 シナリオ原稿（別紙）

　そこで、自宅への訪問を頑なに拒絶していた1人暮らしの認知症の高齢者の事例を通して、小規模多機能型居宅介護が有する機能を活用することで、利用者が望む在宅生活を継続する可能性を検証します。
　また、この事例研究を通して、ケアマネジャーの皆さまに小規模多機能型居宅介護の活用についてよりいっそうのご理解を賜りたいと思います。

1枚のノートに収めなくてもOK
別原稿を作成する

　ただし、書いたものを単に読むことに終始してしまうと、会場の雰囲気や聴衆の表情を読み取ることが難しくなるため、繰り返し発表の練習を行って、なるべく頭に入れておくことが大切になります。

　なお、ある程度経験を重ねて人前で話すことに慣れてきたら、セリフとして一字一句を書き起こすのではなく、骨子を箇条書きしておくだけでも、プレゼンテーションができるようになっていきます。

②シナリオ（原稿）にも根拠を明確に盛り込む

　シナリオ（原稿）を作成する際、結論が感想めいたものではなく、しっかり論拠をもった主張ができるようにすることが大切です。

　抄録と口頭発表では、伝達できる情報量に大きな差があります。抄録では、文字数の制約から事例の概要や結論について表現できなかった部分についても、口頭発表の機会を得た場合は、もっと明確に自らの考えを伝えることが可能となります。

　しかしながら、事例研究の発表は、「こうやって頑張りました」「み

んな頑張ってよかった」というような単なる体験談の発表であっては
ならないのです。このため、介護支援専門員が頑張ったからこの事例
がよかったのか、それともサービス事業者が頑張ってくれたからなの
か、その背景や専門的な視点での分析等を発表のなかで明確に伝える
ことが大切です。そこから実践家として何が提言できるのか、自らの
分析と考察を参加者に理解してもらえるよう、理路整然とした筋書き
と簡潔な表現からなるシナリオ（原稿）を作成しなければならないの
です。

　特に、発表者がどうしてそのような結論に至ったのかを参加者に理
解してもらうためには、結論に結びつく根拠を明確に示すため、シナ
リオ（原稿）のなかにしっかりとその根拠を位置づけることが大切で
す。なお、その場合、その根拠は誰もが賛同できるような内容である
ことはとても重要な要素となりますので、シナリオ（原稿）の内容が
論理的に筋の通ったものとなるよう自分で何度も見直すとともに、他
の介護支援専門員から助言をもらえると大変有効です。

　調査研究までいかなくても、やはりこのような視点を十分に考慮し
ながら、研究発表の全体構成を考えていく必要があるといえます。

4 　発表のリハーサル

　発表のためのシナリオ（原稿）と資料の準備が整ったら、パソコン
を操作しながら、シナリオ（原稿）を声に出して所要時間を把握して
おくことが必要です。その際、実際に発表を行う時と同じようにお腹
から声を出して一つひとつの言葉をはっきり、ゆっくりと発音するこ
とが大切です。

　しかも、このように事前に準備をしていても実際に人前で話すとき
は想定よりも時間を要するので、若干余裕のある時間設定を行ってお

きましょう。時間の余裕があれば、本番で少し詰まっても心に余裕があ
りますのであまり焦ることがないと思います。

　また、自分で何回かリハーサルをした後、同僚や事業所のスタッフ
等に聞いてもらい、別の視点から質問や助言をしてもらえれば、自分
では気づかなかったことなどを再認識できるとともに、さらに自信を
もって発表に臨むことができると思います。

　プレゼンテーションでは、説明に合わせてスライドを切り替えてい
きますが、思わずタッチミスをしてしまうこともあります。このよう
な場合に、進みすぎたスライドを慌てずに元に戻せるようにリハーサ
ルを行っておくことも大切です。

---

column **パワーポイントでのスライドのつくり方**

　発表に用いられたパワーポイントのスライドの文字が小さす
ぎて後部席の参加者には読めないことがあります。発表する部屋
の最後部の参加者にでもわかるようにスライドをつくることは、
発表者のエチケットの1つです。山中先生たちはスライド作成の
注意事項を以下のように示しています。

・フォントサイズは 28pt ～ 32pt を基本にする

・配色は3色程度に抑える

・図やグラフなどを用いて文字情報をできるだけ視覚化する

・文章は箇条書きで1～2行程度に収める

・スライドの見出しを読めばスライドの内容がわかるようにする

※山中克夫他（2019）「研究者と実践家の協働をはじめるために―研究計画の立案、研究助成の申請、
　学会発表の仕方」『高齢者のケアと行動科学』2、4、9頁

2 プレゼンテーションの進め方とポイント

　学会や研究大会では、通常、司会者に紹介されて登壇した後は、発表者が自分のペースで研究成果のプレゼンテーションを決められた時間内で行うこととなります。

　プレゼンテーションを成功させるには、いくつかのポイントがありますので、プレゼンテーションの進め方に沿って紹介します。

1 登壇から自己紹介まで

　プレゼンテーションは、話し始めが大事です。声にも第一印象があり、聞き手は、話し始めた最初の数十秒間で自分が聞きたい声なのか、聞き取りやすい声なのか判断してしまい、それがプレゼンテーションへの興味に直結してしまうこともあります。

　声の質は生来のものですが、発声については、自分でコントロールできます。発声は、明るく、元気な声で、はっきりと、聞きやすい音量を心がけることが大切です。

　大勢の人の前で話をするときは、レベルに差はありますが誰でも緊張するものなので、登壇の前に大きく深呼吸をするなどして落ち着くよう心がけましょう。また、事前に本番と同じ調子で発声練習をしておくと安心してプレゼンテーションに臨むことができます。

　プレゼンテーションは自己紹介から始めますが、そのなかでどのような声の調子で、どのくらいの音量で話をするのか会場の様子をみながら調整します。大規模なホールでは、自分の声が参加者にどのように届いているかわかりにくいと思いますが、施設の技術担当者がマイ

クの調整を行いますので、自分がちょうどよいと思う声で話すとよいでしょう。

　また、早口になりすぎないようにすることも大切です。大勢の人の前で、しかも限られた時間内にプレゼンテーションを終えなければなりませんので、無意識のうちに早口になってしまう傾向があります。このため、お腹から声を出すイメージで、ゆっくり、はっきりと声を出すよう心がけるとよいでしょう。お腹から声を出すことを心がけることで、姿勢も自然によくなり顔を上げて話をすることができます。

　同時に、手元に時計を置くなどして自分で時間の管理を行いましょう。スマートフォンを活用すると大きな画面で時間の管理を行うことができますが、その際、マナーモードにするなど音への配慮が不可欠です。

---

column 落ち着いてプレゼンテーションに臨むための工夫

　例えば、学会発表など、大きなホールの舞台に立って、まぶしい照明を浴びながら多くの参加者を前に話をすることは、何度経験してもとても緊張してしまうものです。緊張することは当たり前と考えて、思わぬアクシデント等で慌てて自分を見失うことのないよう事前に準備できることはしっかりと準備しておきましょう。

　緊張したなかで落ち着いてプレゼンテーションを行うためには、事前にしっかりと練習しておくことがとても有効です。

　繰り返し練習しておくと、映し出すパワーポイントの資料と発表するシナリオの構成とが頭の中で展開できますので、大きなプレゼンテーションの流れをつかんでおけば、途中で少し言葉が詰まったり言い間違えたとしても慌てることなく次の手順に進むことができると思います。

また、私の経験から、第一声が大切であると思います。実際に声を出してみると、自分がどの程度緊張しているか概ね把握できると思います。

緊張しているなと感じた場合は、早口にならないようシナリオ原稿をしっかり読むことに専念してリズムをつかむとよいでしょう。

2 研究目的から事例の概要、結論の説明まで

自己紹介を終えたら、速やかに本題に移ります。

事前に準備したシナリオ（原稿）に沿って、パワーポイントなどの資料を展開しながらプレゼンテーションを行います。その際、原稿どおりに一字一句間違えないようにする必要はありません。原稿を読むことに終始せず、顔を上げて会場の参加者を見渡してアイコンタクトをとるように心がけましょう。こうした「間」を取って有効に活用することもプレゼンテーションには必要な技術となります。

発表者のなかには、とにかくプレゼンテーションを無事に終わらせようと参加者を置き去りにしたまま、先へ先へと進行してしまう人もみられます。研究の成果をより多くの人に理解してもらうためには参加者がプレゼンテーションを受け止めたリアクションなどを確認しながら進めていくことが必要です。制限時間はありますが、急いでプレゼンテーションを進める必要はありません。プレゼンテーションの合間に黙って会場の参加者を見渡す余裕も必要です。それが、参加者が情報を受け取るための時間となり、自分自身の気持ちを落ち着けるための時間にもなるのです。

学会や研究大会は、研究者の研究成果を発表する場でありますが、現場で活動する実践家の事例をもとに実践の内容を検証することで相

互研鑽する場であるといえます。

　このように実践家が集まってきている学会では、学術的な実践データの分析を行うだけでなく、参加している実践家に発表者の実践力や思いを含めてしっかりと評価してもらうことで、実践家全体の思考をどのように変化させていくのかということがとても重要なのです。

　そのためには、参加者にいかに興味をもって聞いてもらうかが鍵となります。もちろん、発表するテーマや内容が参加者の興味の的を射ていることは言うまでもありませんが、発表の仕方がとても大切なのです。

　例えば、論点があちらこちらに飛んで何を話しているのかわからないようなことや結論に結びつく根拠を示さずに「とても大変でした」など気持ちや感情を伝えるだけの発表の展開では参加者の共感を得ることはできません。また、小さな声でもマイクを通せば聞こえないことはないのですが、言葉の語尾が曖昧であると、聞いていてストレスを感じてしまうこともあります。

　このように、参加者を引き込むような発表を行うためには、パワーポイントやシナリオ（原稿）の作成などを通して、発表の展開をしっかりと構成すること（発表にストーリー性をもたせることができればベストです）と、発表の予行練習などを通して聞きやすい発表を行うこと（何度も練習を繰り返してスライドを見ただけで話す内容が浮かんでくるようになれば完璧です）が大切なのです。

　そして、実践家として専門的な分析を行い、普遍的なエビデンスを得た研究の成果は、実践家全体の思考を変えていくことや国の制度を動かしていく力をも有しているといえるのです。

質疑応答から締めの謝辞まで

　質疑応答の機会が用意されている場合は、質問を積極的に受けましょう。質問は、研究内容を真剣に聞いてもらい、研究成果に興味をもってもらったからこそその質問ですから、感謝の気持ちで受けましょう。

　質問されたときに、何を聞かれているのか、質問の本質を瞬時に理解することが必要です。質問内容がよく理解できないときは、自分が理解した内容を伝えて、このような質問内容でよいかを確認します。

　質問に答えられない場合は、「その点については、検討できていませんので、今後の課題として検討します」などと、正直に回答しても恥ずかしいことではありません。むしろ、気づかなかった課題を指摘してもらったことに感謝の意を表しましょう。

　たとえ、どのような指摘を受けたとしても、質問者を責めるような応答は慎むべきです。学会や研究大会は、研究発表者と参加者が相互研鑽する場であり、さまざまな意見や考えがあってもお互いに敬意をもって向き合うことが求められているのです。

　なお、幾度質問を求めても会場から質問が出ないことも珍しくはありませんが、「興味をもって聞いてもらえなかったのかな」などと落ち込むことはありません。実践家の相互研究の場であることから、発表の過程で疑問があれば質問があるのは当然です。質問がないことは、質問の余地がないほどの発表ができたのだと胸を張って参加者に謝辞を述べて発表を終えましょう。

4　まとめにかえて

　事例研究は、普遍的なエビデンスの証明を得るために、事例のある

一面に焦点を当てて、実践家としての専門的な分析を行うものです。事例研究を整理・作成する段階では、文字数の制限等がないため、関係する事実をできるだけ多く集めます。

研究発表の抄録等の作成にあたっては、そのなかから、エビデンスを証明するために最も適当な事実のみに焦点を当てて集約していくこととなります。したがって、抄録を作成した時点で事例研究の骨格が完成していると考えられます。

さらに研究発表に際しては、エッセンスである抄録にどのようなことを盛り込めば参加者に研究内容をより理解してもらえるかを考えながら肉付けの作業を行うこととなります。研究発表の基となる事例は、自らが一定の期間、支援を担当した事例であり、その利用者や周辺の関係者等に対してさまざまな思いや感情があると思います。

利用者や家族が発した言葉や行動で特に印象深かったもののうち、事例のテーマに沿ったエピソードなどを盛り込んで紹介できると、参加者の共感を高めいっそう興味を引き付けることにつながると思います。

一方、研究発表は、発表者と参加者がともに研鑽して相互に作り上げていくものであると考えています。したがって、研究発表を経験した者が参加者となった際には、発表者の実践力や思いを含めてしっかりと受け止めて評価してもらいたいと思います。

他の実践家のプレゼンテーションをよく見て評価することは、自らのプレゼンテーション力を高めていくことにつながるのです。このような意味において、プレゼンテーション力は、情報を受け取る力が育てるといっても過言ではないと思います。

研究発表などにおける普遍的なエビデンスを得た研究の成果は、実践家全体の思考を変えていくことや国の制度を動かしていく力をも有しているといえます。

今後とも、研究発表を行う機会があった際には、ぜひ積極的に引き受けてほしいです。また、参加者として研究発表を聞く際には共に学ぶ姿勢で臨んでほしいと思います。

> ## column　二次稿＝一次稿マイナス10％
>
> 　スティーヴン・キングの『書くことについて』に「二次稿＝一次稿マイナス10％」という、よい小説を書くための公式が紹介されています。これは、原稿が仕上がった後、推敲をする際に「マイナス10％」ですから、１割ほどの無駄を削りなさいということです。
>
> 　研究発表の抄録にしても、当日の発表原稿にしても、実際には〆切間際に「第1稿」が書き上がることが多いのですが、それを例えば〆切１週間前に書き上げるようにスケジュールを前倒しにしてみてください。そして、数日おいて、自分の原稿に自分で赤ペンを入れてみてください。ミスタイプだけでなく、不要な記述、回りくどい表現、説明が足りない、主張に客観性がない、順序立てた説明ができていない等々、さまざまな粗が見えてきます。それを直すだけで、一次稿はより読みやすい、わかりやすいものに変化するのです。もちろん、可能ならばこの推敲を何度も繰り返してみてください。あなたの抄録や発表原稿は、きっと、よりよいものに生まれ変わっていくはずです。
>
> ※スティーヴン・キング（2013）『書くことについて』小学館文庫

執筆者一覧（執筆順・★印は編著者）

増田和高（ますだ・かずたか）———————— 第 1 部

武庫川女子大学文学部心理・社会福祉学科　講師

社会福祉士

2005年、大阪市立大学大学院生活科学研究科前期博士課程入学。2007年に同大学院後期博士課程に進学後、単位取得後退学（2012年、博士号（学術）取得：大阪市立大学）。早稲田大学助手、助教、鹿児島国際大学講師を経て、現在に至る。「ソーシャルワークの視座に立ったケアマネジメント実践」を研究テーマに、介護支援専門員への調査等に取り組む。東日本大震災以降は、被災者支援にも携わり研究・報告を行う。

畑　亮輔（はた・りょうすけ）———————— 第 2 部

北星学園大学社会福祉学部福祉臨床学科　准教授

社会福祉士

2012年3月に大阪市立大学大学院で博士（学術）を取得。同年4月より北星学園大学社会福祉学部福祉臨床学科にて専任講師として着任し、2017年より現職。現在は北海道における主任介護支援専門員研修や主任介護支援専門員更新研修の講師、初任介護支援専門員 OJT 事業における研修講師、ケアプラン点検に係るアドバイザー派遣事業による研修会講師など、介護支援専門員を対象としたさまざまな研修を担当し、介護支援専門員の資質向上に携わっている。

福富昌城（ふくとみ・まさき）★———————— 第 3 部

花園大学社会福祉学部社会福祉学科　教授

一般社団法人日本ケアマネジメント学会　副理事長

社会福祉士・介護福祉士・介護支援専門員

1987年に（福）聖徳園、枚方デイサービスセンターに入職し、在宅ケアの実践に携わる。その後、京都保育福祉専門学院、滋賀文化短期大学を経て、2001年から花園大学に勤務する。

その間、日本社会福祉士会（理事）、厚生労働省障害者ケアマネジメント体制整備検討委員会（委員）、長寿社会開発センター・介護支援専門員・実務研修カリキュラム等研究会（委員）では『介護支援専門員実務研修テキスト』（2003年）の作成に関わり、介護支援専門員の研修や研修講師養成などに携わっている。

白木裕子（しらき・ひろこ）★ ………… 第4部・第5部

株式会社フジケア　取締役社長

一般社団法人日本ケアマネジメント学会　副理事長

看護師・認定ケアマネジャー・主任介護支援専門員

1999年、介護保険導入を機に地元企業の出資で設立された「北九州福祉サービス株式会社」に入社してケアプランサービスセンター長として介護支援専門員の実践および指導育成を担当し、研修担当や事業部副部長の役割も併せて担い、訪問看護・デイサービス・福祉用具事業所の立ち上げにも携わった。2005年11月に北九州福祉サービス株式会社を退職し、株式会社フジコーの全額出資による株式会社フジケアの設立に携わり、取締役副社長兼事業部長を経て取締役社長となる。

協力者

梶野　剛（かじの・つよし）

医療法人愛全会ケアプランセンターまこまない　管理者

主任介護支援専門員

源内美代里（げんない・みより）

居宅介護支援事業所ひだまりの里　管理者

介護福祉士・社会福祉士・主任介護支援専門員

相談援助職のための事例研究入門
──文章・事例・抄録の書き方とプレゼンテーション

2020年12月1日　発行

監　修　　一般社団法人日本ケアマネジメント学会
　　　　　認定ケアマネジャーの会
編　著　　福富昌城・白木裕子
発行者　　荘村明彦
発行所　　中央法規出版株式会社
　　　　　〒110-0016
　　　　　東京都台東区台東3-29-1 中央法規ビル
　　　　　営　業　　　TEL03-3834-5817　FAX03-3837-8037
　　　　　取次・書店担当　TEL03-3834-5815　FAX03-3837-8035
　　　　　https://www.chuohoki.co.jp/

印刷・製本　　西濃印刷株式会社
本文・装幀デザイン　　二ノ宮匡（ニクスインク）
本文イラスト　　藤田侑巳

ISBN 978-4-8058-8216-0